「メイド・イン・フクシマ恋愛映画」誕生物語

沼田憲男

方丈社

3

で、映画ってどう作るの？

4 動き出したら止まらない

写真提供：「恋愛奇譚集」フィルムパートナーズ

プロローグ

田植えを終えてまもない稲田が、初夏の陽光に照らされている。

苗の織りなす緑色の絨毯は遠い向こうの山際まで敷き詰められていて、時折吹く風が微かな色合いの変化をもたらしながら過ぎ去っていく。

見渡す限りの田園地帯を東から西に横切る農道の一角に、若者たちの一群があった。カエルの鳴き声と雀のさえずりの中で、彼らの話し声がわずかに聞こえてくる。

やがて若者たちの動きがぴたりと止まった。

「ヨーイ、スタート！」

掛け声とともに拍子木の音が響くと、役者が歩き出し、静かにカメラが動き始めた。

福島県の山あいにある村で、映画の撮影が行われている。村の名前は天栄村。

天栄村は、白河から南会津へと続く山間地帯にあり、人口はおよそ５６００人。ゆっくりと流れる川の流れに沿って田んぼが広がる静かな村だ。そこに撮影隊二十余人と、テレビや映画で活躍中の俳優およそ10人が集結している。その一群を指揮するのは新進気鋭の、20代映画監督である。その若い監督が挑んでいるのは、この村を舞台に繰り広げられる、ちょっと不思議な群像劇。風の渡る音とともに中国語が聴こえてくる。台湾から海を渡って福島の地にやってきた主演女優の話すセリフの声だ。彼女の動きに合わせてカメラが、農道の上に敷かれたレールの上を滑るように移動している。

一見、どこにでもありそうな撮影風景である。数年前にはこのあたり一帯も除染作業が施されたというが、それも過去の出来事に過ぎない。

田んぼの中で撮影に没頭している若者たちに、ここが世界から「フクシマ」と呼ばれる土地であることを気にしている人は誰もいない。福島はすっかり日常を取り戻している。どこの地域とも違わない、いたってふつうの田舎である。

空は広く、碧く輝き、田んぼの緑が鮮やかに映える。小川を流れる水は清く、風はどこまでも爽やかである。あまりに心地よくて、木陰に腰を下ろしていると、ついうとうとしてしまう。その間にも映画の撮影はどんどん進んでいくのだ。

「特別なことは何もない――」。

そのことを世界に伝えようと、県と村の行政、村民、そして若きクリエイターらが力を合わせて、一本の映画づくりを始めた。

この映画制作には、村に住む人たちばかりではなく、福島の地に住む人たちの希望が込められている。

東日本大震災から5年。沿岸部を除く福島県のほとんどのエリアでは、以前の日常生活を取り戻している。ところが県外の人たちや海外の人たちにとっては福島はいまだにフクシマのままである。福島県産の野菜は食べない。福島県沖で獲れた鮮魚も買わない。福島第一原子力発電所が事故を起こし、放射能漏れを起こしたという事実だけが、今も世界中の人たちの心に影を落としている。今なお福島の人たちは、風評被害という姿の見えないモンスターと戦っている。

3年ほど前から私はこの根拠なき風評から福島を救いたいと思うようになった。誰に頼まれたわけでもない。ただ、福島の人たちが、福島の地で、ふつうの日常を取り戻して暮らしていることを、全国、全世界に知ってもらいたいと思うようになったのである。

かくいう私は、福島の住民でもなければ出身者でもない。そう、ただの「よそ者」だ。それも70歳を間近に控え、特に肩書を持たない、ただの年寄りである。だが、そんなふつうのオヤジでも何かできることがあるはずだと考えた。そして「福島を風評被害から救いたい」という、やむにやまれぬ思いだけを胸に、無謀にもたった1人で声を上げることに決めた。

私の投げた石はほんの小さなものだったが、その波紋は意外な広がりを見せた。1人の名もなきオヤジの声をまず、県が受け止めてくれた。「福島に人が戻ってくるなら、やろうじゃないか」と県議会が予算をつけてくれた。そんな県の動きに呼応して「ではその事業をうちの村でやりましょう」と、天栄村が手を挙げてくれた。そして天栄村の自然に触れた若き監督が、「ここで映画を撮りたい」との意思を表明してくれたのだ。

この20代の監督の呼びかけに対して、撮影隊スタッフや俳優の人たちは、この地で撮影を行うことに露ほどの迷いも見せず、「やりましょう」と言って駆けつけてきた。福島の産品に輸入規制をかけている国に住む女優さんが、何のためらいもなく、海を渡り、喜んでフクシマの地を訪れた。その若者たちのチャレンジを、村の人たちが温かく迎えてくれて、総出で支えてくれたことによって、一本の映画づくりが始まったのである。

県と村の行政が連携して予算を拠出し、若者たちに自由な映画づくりの環境を整えるという試みは福島県の県政史上初の出来事だった。おそらく全国でも例を見ないと思う。

この本は、まるで小さな奇跡が連なるようにして生まれた、一本の映画作りの顛末を伝えるものである。

1

夢は福島から始まる

きっかけは小さな新聞記事

すべてのきっかけは地元の新聞記事だった。

2年ほど前のこと、東日本大震災から3年が訪れようとしているのに、福島県はいまだに風評被害を受け続けていることを、克明に報告する記事が私の目に留まった。

今も福島県で栽培された野菜は売れず、近海で獲れた魚も敬遠されているという。野菜は放射能の全量検査が行われ、基準値に適するものだけを出荷しているが、「福島産」というだけで、小売店は店頭に並べることを避ける。稀に理解のある小売店が店頭に並べても、消費者がそれを選ばない。「なぜ福島の野菜をここに並べるのか」とクレームを伝える人もいる。

魚も同じだ。放射性物質は海水には滞留せず、サンプル検査でも問題ないとされた魚でも、消費者がそれを拒否する。そのため苦難から立ち直り、再起をかけて努力している県内の農業、漁業に携わる人たちの生活は困窮したままだ。

福島を訪れる人の足も、いまだ戻ったとは言い難い。観光客の足は震災前の8割程度までは戻ってきているが、修学旅行など教育を目的とした旅行客は、以前の5割程度に過ぎない。ホテル、旅館、交通機関に土産物屋など、観光に関わる産業の売上げは依然として回復するまでにほど遠い状況である。

福島を「なんとなく避ける空気」は、今もなお日本全国に漂っている。

それでも、国内はまだマシだ。海外の多くの国では、「フクシマには誰も住んでいない」という風説が、今にいたってもまことしやかに語られている。震災で事故を起こした福島第一原発に近い、沿岸部のごく限られた地域に居住制限が行われているニュースだけが世界を駆け巡る。そのために「福島」という名前が、「立ち入り禁止区域」の代名詞となり定着しているのである。

懸命な努力の末にようやく元の生活を取り戻してきた地域の人たちは、そうした風評に忸怩たる思いを抱えていることは想像に難くない。自分たちの暮らしが否定され、愛する故郷が蔑まれているような気持ちになるのは当然だろう。

地元の人たちは今、「風評被害」という姿の見えない難敵と戦っている。だがその姿の見えない〝ゴースト〟を撃退する糸口をつかめないまま路頭に迷っている。

……そのことを新聞記事は克明に伝えていた。

東日本大震災の前まで、福島県は都会から「移住したい地域ナンバーワン」だったことを、どれだけの人が記憶しているだろうか。

「小さな親切、よけいなお節介」

私の行動は、以前からそう表現されることが多い。「お節介」とは、よけいな世話を焼くという意味だが、これは自分でも病気のようなものだとつくづく思う。

ときに「なにを言うか」と反発したくもなるのだが、68年も生きて自分がやってきたことを振り返れば、そう言われるのも無理はないのだ。

困っている人が助かると思えば、行動せずにはいられない。たとえば重い荷物を持った年寄りが駅の階段の下で立ち止まっているのを見かけたら、誰だって手伝ってやろうと思うだろう。素通りしてしまったら、後で嫌な気持ちになって、夜も寝られない。相手が喜ぶかどうかより、それを見過ごした後に自分の心に残る、あのなんともいえない後味の悪さを味わいたくないのだ。

福島には私の父方の遠い親戚があり、子どもの頃、ひと夏、豊かな自然の中で、都会では味わえない体験をさせてもらった。後に新聞記者になってからも、福島を何度も訪れているし、そこでお世話になった人もいる。

きわめて個人的なことだとはいえ、子ども時代からたくさんの思い出を育んでくれた福島が今、苦しんでいる。そのことを知った時、私の心の中に潜んでいたあの、お節介のムシがざわざわと騒ぎ始めたのだ。

2014年の春にその新聞記事を目にして以来、何か福島の復興対策のアイデアはないものか、寝ても覚めてそのことばかり考えるようになった。

しばらく考えるうち、一つに考えがまとまってきた。

今、福島にとって必要なことは、福島の産品を売るための戦略ではなく、県外から福島に来る人を増やすことである。多くの人にこの地を訪れてもらい、ふつうの日常生活が戻っていることを知ってもらうことが最善の策である。

福島の人たちがかつての日常を取り戻していることを知った人たちが、「福島は安全だよ」「事故の影響なんてないよ」と、周囲に伝えてくれることこそ、回り道のようでもっとも確実な方法である。そう、今は急がば回れの精神で改善に取り組むことが大切なのだ。

福島を訪れる人の流れができてしまえば、自然に風評被害は消えてなくなるはず。そのためにどんなプランを作るか——。

私にはかねてから温めていた構想があった。それをもとに再生のプランを頭の中で練るのがいつしか日課になっていた。

それから半年ほどたったころ、福島県では知事選挙が実施された。その選挙で当選したのが、偶然にも私が記者時代から長らくお世話になっている方のもとで働いていた方だった、内堀雅雄さんであることを知るまでに時間はかからなかった。

これもご縁。すっかりそう信じた私は、すぐにその知人に連絡をとり、まとめた提案書を渡して、新知事を紹介してもらうことにしたのだ。

福島のためにできること

私が提案書にまとめたのは「福島芸術村構想」である。若者たちが農業で生計を立てながら自由に芸術活動に励む環境を整えることで、都会から福島に若者たちを呼び寄せようという、壮大な構想である。

「風評被害」が実にやっかいなのは、「福島は安全です」と住民が言っても、「あんなに必死に言うのはおかしいゾ」

と、かえって怪しまれてしまうところだ。つまり地元の人たちが努力してもなんともならないどころか、かえって悪化させてしまうところにこの問題の複雑さがある。

だからといって「厳正な第三者の目」で見てもらってもダメ。それは舛添前東京都知事が身をもって証明した。第三者を立てて、法的根拠やデータ分析などを並べたてたところで信用は回復できない。それが民衆心理というものなのだ、

ということは、やたらに言葉であれこれと安全性を訴えるより、都会からどんどん若

者たちが訪れ、そこでアートを学び、福島の土地でこしらえたアート作品を発表すればいい。

　そうすれば地元の人が何も語らなくとも、

「そうか、あの福島に若者たちが移り住んで、アートにいそしんでいるのか。だったらもうすっかり事故の影響はなくなったんだな」

と、世間の人もそう思う。そうやって自然に偏見がなくなっていくに違いないのだ。福島で若者たちが集まって、アート作品やコンテンツを作っていれば必ず話題になるだろうし。彼らの作品が発表されれば、全国、全世界にも知れ渡る可能性がある。彼らの作品を通じて、福島がすっかり活気を取り戻し、新しい取り組みが行われていることを知ってもらえるだろう。

　そうした活動が活発になれば福島と他地域との交流機会も増え、人が福島を訪れる機会も増えるに違いない。やがてここに移り住む若者が出てくるかもしれない。そうすれば人口減少を食い止めることもできる、というふうに一石二鳥、三鳥の構想なのである。

　他方、日本を見渡せば夢を持てない若者が増えている。ニートやひきこもりなど、働かない若者たちもわんさかいる。福島が、そうした夢を持てない若いヤツらの夢を育む場所になったらいいとも思うのだ。

われながら、なんと素晴らしいプランなんだと感動してしまうほどである。

しかし、一つだけ問題がある。じゃあ、それを誰がやるのか、ということだ。いくらアイデアがよくても、行動に移す人がいなければ話にならない。

こんな儲かりそうもない話、誰もやろうとは思わないだろう。

またやってみて失敗したら自分が責任を負わなければならないとの思いが、一歩踏み出すのを躊躇させる。

「そういうことは政治家か、お金を持った人がやればいいんであって、自分なんかがそんなことをやる資格なんてない」と尻込みする。そういう人が大半だ。

ところが、私はちがうのだ。

「いいことをするのに誰に遠慮がいるものか」と考えてしまう。

「たとえ金にならなくても、金を持っていなくても、誰かが助かるなら動き出せばいいじゃないか。金なんてなくたって、何かできるものだ」

私は知事訪問を前に、さっそく頭に浮かんだ構想をまとめることにした。会ってどうなるかはわからない。だが会えば何かが生まれる可能性がある。

たとえ無駄打ちになってもいいから、とにかく現地に行って人に会う。後のことは会ってから考えればいい。それが新聞記者時代に培った私のやり方なのだ。

知事室を訪れる

知事からいただいた時間は15分である。

原発事故の被害と後処理が今もなお続く福島県の知事というのは、首相並みに忙しい。新聞記者時代を含めて数々の知事に会ってきたが、こんなに忙しい知事にお目にかかるのは初めてだ。しかし困った。15分ではアイデアの提案どころではない。挨拶して自己紹介したら終わってしまう。

「えい、しかたがない。会えばなんとかなるだろう」

意を決して、知事室の扉を開いた。するとそこには笑顔の内堀新知事の姿があった。内堀知事は机に座っているよりも、庁舎を出て現場を回る行動派だと聞いていたが、なるほどハツラツとした立ち姿だ。

しばらくの間、お祝いを述べ、今日にいたるまでの経緯を伝えてから、用意してきた企画書を渡し、本題に入った。

まず私には「農業」と「若者」と「映像・アート・コンテンツ制作」を組み合わせた、地方創生のための壮大なプランがあると力説したわけだ。

が、いかんせん15分である。

時間の限り思いを伝えたものの、まったく各論の話には至らなかった。

ところが内堀知事は意外にも

「それは面白い。進めてみましょう」

と言ってくれたのだ。

一瞬、体よく流してしまうつもりなのだろうかと疑っていると、

「今、私は原発処理問題に忙しいので、具体的なことはこの人と話してみてください」

といって内堀知事が、同席させていた人物を紹介してくれた。その人が、県の企画調整部長（当時）の近藤貴幸さんだ。近藤部長は総務省のキャリア官僚で、多くの総務省の官僚が地方自治体に出向して働いているように、彼もまた福島県に出向してきて復興事業に従事している人物なのだという。

ほどなく、私は近藤部長に伴われて知事室を出た。

今度は近藤部長を相手に私の構想を伝えた。その時、私が力を入れて話したのは、純粋に風評被害をなんとかしたいという思いだった。よそ者の年寄りでも、何かお役に立

てるのではないかと、止むに止まれぬ思いでこうしてやってきたのだと伝えたのである。

すると近藤部長も、

「わかりました。なんとか実現に向けて考えみましょう」

と、こちらも好感触なのである。

知事と直接会って思いのたけを話せたことと、担当の近藤部長からまんざらでもない反応をもらえたことが嬉しくて、実現への希望が見えてきたのだった。

クラインガルテンの夢

知事室の一件から私の「福島芸術村構想」は、近藤部長と二人三脚で進めていくことになった。福島と東京とのやり取りだから、連絡手段はほぼメールと電話となる。最初、近藤部長は私の構想が、内堀知事が副知事時代から提唱していた「クールふくしま」キャンペーンの一環でできると踏んでいたようだ。「クールふくしま」とは、アニメや特撮映像など、ソフトコンテンツの発信によって福島を広くアピールしようというものだ。

あまり知られていないが、福島県内には人気アニメ「エヴァンゲリオン」を手掛けたガイナックスの関連会社、福島ガイナックスのオフィスがあることや、ウルトラマンシリーズの生みの親、円谷プロダクションを創設した円谷英二氏の故郷が須賀川市であること、それに県下の小野町にリカちゃん人形のテーマパーク「リカちゃんキャッスル」

を擁することから、内堀知事はかねてからコンテンツの発信に力を入れていく方針を掲げていた。

日本からのソフトコンテンツ発信に力を入れようと政府が打ち出した「クールジャパン」にあやかって「クールふくしま」と呼んだのも内堀知事本人である。一体何をするのかは具体化されていなかったものの、知事はこうした映像やアート作品などのコンテンツづくりに関しては理解があることは確実なのである。

さっそく近藤部長は、県でコンテンツ事業推進を担当する「地域振興課」と連携をとり、まずは協力してくれそうな市町村を探すところから始めた。本当に県が動き出してくれたのだ。

「ありがてえなあ、あれこれと考えた甲斐があったというものだ」

としみじみ感謝していたのだった。

しかし現実は甘くない。その後、近藤部長は地域振興課を通じて、いくつかの市町村に掛け合ってみてくれたが、どこからも色よい返事は返ってこなかった。

私の「福島芸術村構想」が、市町村には荷が重すぎるのだ。ではいったいどんなプランだったのか。少し長くなるがここで詳しく説明しておく。

みなさんは、「クラインガルテン」というものをご存じだろうか。クラインガルテンとは、ドイツで200年ほど前から行われている農地の賃借制度で、直訳すれば「小さな庭」。いわゆる「市民農園」のことだ。小さな庭、といっても日本の市民農園とはちがって、一区画で百坪ほどもあり、そこに小屋が併設されている施設である。

利用者は数十年の長きに渡って、この農地と小屋をセットになったその施設を借り受けることができる。農業をしたい人が手軽に始められると同時に、子どもたちが自然に触れ合い、農業を覚える教育の場として機能している。農家の高度な技術の伝承の場になっているのである。一方、行政の視点で見れば、都市部に緑地が確保でき、自然を失わないための政策としての意義もある。

日本でも長野県や伊豆地方、もちろん福島県内にもあって、今では全国で見受けられるようになっている。

実は、私がこの「クラインガルテン」のことを知ったのはほんの数年前のことだ。このクラインガルテンの施設で、農業をやりたい人を都会から集める。

農業と言えば、いまや絶対に必要となるのは、「六次産業化」である。農業は第一次産業と言われるが、生産農家が生産だけでなく、流通、販売、商品開発、商品加工、小売店運営まで、一気通貫でやってしまうのが農業の「六次産業化」である。

この六次産業化を推進するうえで肝になるのが、エンドユーザーとの接点をいかに持つかということだ。つまり生産農家が消費者に売る仕組みが必要なのである。

私は、それを実現するために、今はやりの「ふるさと納税」の仕組みと組み合わせることにした。ふるさと納税とは言ってみれば、生産農家にとってのＥＣサイトの仕組みである。

ここに一次産品だけでなく新開発の加工品を商品化して、一般消費者から注文を受け付けることができれば、これは実質的には農家がＥＣサイトを運営している、もしくは楽天などのＥＣモールを利用しているのと同じだ。しかも、いい商品を開発することが、地元のためになるのだから、農家にとってはやりがいにもなる。ということで、いいこと尽くめなのである。

しかし、市民農園を核にしたプランはありきたりで弱い。もっと若者が福島に来てくれる大掛かりな仕掛けはできないだろうかと考えた時、実は私に、かねてから密かに進めていた構想がもう一つあった。ニューヨークフィルムアカデミーの日本版構想である。これを知るきっかけになったのは、私が２０１１年に上梓した『若者よ、くじけるな！　日本海から希望が見える』（情報センター出版局）という本を手掛けた時に、資料収集や整理を手伝ってくれた倉本哲氏に教えてもらったことに始まる。

そこは、映画制作に関するあらゆることが学べる総合映画学校なのである。映像技術やシナリオだけでなく、俳優になるための専門教育も受けることができる。今ではユニバーサルスタジオにも関連施設があるほか、アブダビ校やオーストラリア校までできている。

このニューヨークフィルムアカデミーからは数多くの優秀な監督や俳優が育っている。抱える学生数も6000人を超えているというから、立派な大学なのだ。

あまり知られていないことだが、フィルムアカデミーというのは、ロンドンが発祥である。その後、ニューヨークに進出したのだが、今ではそちらのほうが有名になっている。しかし、はじまりはロンドンなのである。

私はそれを自然豊かな日本の地方に作ってはどうかと思っていた。そこで福島にフィルムアカデミーを設立し、若者たちがアート活動やコンテンツ制作に打ち込める施設や環境を作ったらどうかと考えたわけだ。

つまり、クラインガルテンの中に、絵画、陶芸、舞踊、音楽などの芸術サロン、名付けて「森の芸術院」を設置することを盛り込んだ。

「産業革命がそうであったように、文明とは西廻りでやってくるものなんだよ」

そんなことから、クラインガルテンと農業の六次産業化、ニューヨークフィルムアカデミーの3つが私の頭の中で融合したのだ。若者たちがこの村に住み、農業で生計を立てながら、芸術活動に打ち込むというライフスタイルを実現する施設として芸術村構想をぶち上げたというわけだ。

ところがあまりに事業規模が大きいので、有力候補と目されたいくつかの市町村も乗ってこない。果たしてどうなるのか?

ほどなく近藤部長から連絡が入った。

「いきなり芸術村を作る話に持っていくのは難しい。まずはできることからやりませんか。議会で通せる形を模索しますので、少しお時間をくれますか」と提案があった。

「もちろんですよ」と私は答えた。全部が通らないのは織り込み済みである。では、どんなふうにして、何を実現していくのか。私はワクワクしながら、県からの返答をまつことにした。

予想外のプラン縮小

しばらくして近藤部長から連絡があった。彼が出張で東京に来るという。そこで今回のプランについて話し合いましょうということになり、私たちは赤坂のとある喫茶店で待ち合わせをした。

「お電話でも話しましたが、『芸術村構想』を受けてくれる市町村がないんですよ。話が重すぎるんです」

近藤部長はいきなり本題に入ってきた。

福島県は市町村の意向を重視する県政の伝統があるとは聞いていた。

「いやいや、そんなことはわかっています。ぼくの呼びかけに、県が検討してくれただけで、ぼくは十分に感謝しているんですよ」

しばらく2人の間に沈黙が続いたあとで、近藤部長が口を開いた。

「福島の悲劇は、土地が広く、原発事故の発電所の呼称に『福島』という名が付いていたことです。時が経ち問題がなくなった土地が大多数なのに、『福島』という名前で、十把ひとからげの扱いを受けている。これが不幸です」

彼の使命感の奥にある正直な気持ちだ。

「ご承知のとおり、福島は今、復興に向けて懸命に努力しています。復興のために何かできるなら、なんでもしたい。しかし目下の課題は、避難生活を余儀なくされている方々に一日も早くご自宅に帰っていただけるための措置をとることです。そこに全力投球しなければなりません。当然、議会もその点で意見は一致しているわけです。」

「……いや、それはごもっとも」

「しかしですね、だからといって、県としては復旧復興だけに力を注いでいるのではバランスが悪い。福島の未来をつくる事業も必要になるわけですね。特に、風評被害は福島が抱える最大の課題であると同時に、人口減少を食い止めることも急務です。そのためにはたとえ前例がないことでも挑んでいかなきゃいかん、という思いも一方であるわけです」

急に近藤部長の語気が強まった。

「なるほど、なるほど」と私も調子を合わせる。

それにしてもこの人、私が余計な提案をしたために、それでなくても大変な時に、よけいな仕事が増えてしまったはずなのだ。

「僕だって仕方ないからやってるんですよ」

という、嫌々ムードが漂ってもいいところだ。ところが彼の発言からはまったくそのような事務的な態度は見られない。福島をなんとか活気づけたいといった熱意で取り組んでいることがわかる。

「君の言うとおりだよ」

「だからこそ、俺は、若者を魅了させる最先端の映像拠点を福島に作りたいんだ」

私はそう言って、ニューヨークフィルムアカデミーの話を持ち出して、このアカデミーがいかにニューヨーク市の再生に貢献したのか、いかに映像が地域再生に大事かということを、とうとうと話した。

「福島で若者たちが映画作りをしているという事実こそ、安全のアピールになる。その映像の中で福島の豊かな自然や地域の人たちの生活ぶりを描いてもらって、福島はもう日常を取り戻している、放射能の影響なんてまったくない。ちゃんとみんな明るく元気に楽しく暮らしているんだということを世界にみせてやりましょう。そのままの福島の人たちの生活ぶりを映像で見せることが、風評被害をなくすための最善の策なんだ」

私もつい力が入って、気づいたら長々と話していた。

その話を聴いて、近藤部長がほっとした表情に変わっていくのが見てとれた。私もちょっと安堵したものだ。

「しかし文部省やＮＨＫの教育番組が作りそうな、いかにも広報フィルム、みたいな堅くて面白くもないものを作ってもしょうがないでしょうな。そんなものは作ったところで誰も観てくれませんよ。それこそ予算のムダづかいだ」

「たしかに、そう思います」

「福島ではニューヨークフィルムアカデミーに負けない芸術活動が行われているんだと世界に思わしめたいもんだ」

「はあ……」

「ということで若者たちを福島に呼んで、好きなように映画を撮らせるっていうのはどうですか？　ハリウッドに負けない最先端の技術で、若い奴らに伸び伸びと映像制作に励んでもらうんですよ。そして、それを世界に配信すればいい。もちろんその時は最高クオリティの映像で配信したいですな。最先端映像と言えば今は４Ｋですか。そうだ、４Ｋで撮影させましょう！」

いかん、いつもの大風呂敷が始まった。そのことを自分が一番よくわかっている。だが、こうなったらもうやめられないのだ。

というわけで、福島で映画を作る、ということが、この赤坂の喫茶店の隅っこにあるテーブルで始まった。

福島に限らず、今の日本に足りないのは夢だ。明るい未来を語る、能天気さなのだ。福島の風評被害をなくすには、みんなの頭の中がぱっと明るくなるような話題を作るのが何より肝心なのである。

その後は2人で、「明るい夢を福島にもたらす事業をやりましょう」と話し合ったのであった。

こうして「クラインガルテン福島芸術村大構想」はあえなくボツとなってしまった。だが、それがきっかけとなって福島で若い監督に映画を撮ってもらうという面白い方向に話は展開している。

それはそれで面白い話ではないか。これとて、動いてみなければけっして生まれなかったことである。

そうなのだ。ああだ、こうだという前に、動くことが大事なのである。

最初のアテは外れる。これはもう、間違いなく外れるのだ。それでも動けば必ず何かが生まれる。あれこれ動いていると、不思議になんとなるものなのだ。それがじつに面白いではないか。

天に栄える村

赤坂で会った時、近藤さんは『定住促進連携モデル事業』の資料を私に手渡してくれていた。彼はその時、こんなふうに概要を熱く語った。

「福島県が今もっとも力を入れたいことは何といっても著しく進む人口減少を食い止めること。福島県は原発事故以後、5年で10万人も人口が減っている。それ以前の2倍のペースで人が減っている」

「かつて福島は原発事故以前まで移住希望地ランキング1位だったが、震災以後はベスト3にも顔を出さない。除染作業を進め、農産物の全量検査など、放射性物質に関するデータをオープンにしたり、いわき市のスパリゾートハワイアンズの復興の取り組みがテレビ番組になったり、NHKの大河ドラマ「八重の桜」（2013年）などを誘致した効果によって、観光客は8割がた戻ってきている。しかし移住を希望する人はいっこうに増えない。それどころか世界の多くの国では、今も福島には人が誰も住んでいないと思っているのが実情だ」

「他の土地からこの地に住みたい人を増やしたい。それは福島の悲願である」と。

そんな彼の熱弁を思い出しながら『定住促進連携モデル事業』の予算資料を見ていた。するとその項目の一つに『定住・二地域居住推進モデル事業』というのがあり、天栄村という縁起のよさそうな村が新規事業の応募をしていることに気づいた。名前もユニークではないか。ひょっとして天に向かって「栄えよう」と頑張っているのではないかと勝手に解釈し、

「近藤さん、資料の中で、天栄村というのがあるけど、どんな村なの?」

と電話した。

近藤さんがいうには、天栄村は人口約5600人。白河と南会津に挟まれた、東西に長い地形である。東側は古くから農業が盛んで、「天栄米」というブランド米やネギ、ヤーコンの生産地としても知られる。西側は羽鳥湖という人口の湖を抱え、別荘やレジャー施設などリゾート開発が進んでいる観光地を併せ持つ広大な村なのである。

天栄村の添田勝幸村長は、地元をなんとかしたいという思いにあふれた、バイタリティーみなぎるやり手の村長らしい。

その説明を受けながら、「いいね。いけるよ、この村」と私はつい声を上げていた。心の中では「見つけたぞ、ここが拠点じゃないか。福島の悲願達成、夢じゃない！」との思いがこみ上げていた。

何度も言っているように、福島の人たちが、何不自由ない暮らしを取り戻していることを、世界に知ってもらうことができる。

そして、福島の豊かで美しい自然を見てもらうことで、福島の魅力が伝わる。

それと同時に、映画を見た人は必ず、その舞台を訪れたくなる。

こうした理由から、他地域から福島を訪れる人が必ず増える。

一度、来てもらえば、福島第一原発周辺のごくごく一部の地域を除けば、福島が安全であり、暮らしやすい場所であることがわかる。そうなれば、都会から福島に移住したい人や週末や長期休暇を過ごす別荘を持ちたいと思う人が必ずや出てくるはずなのだ。

福島は、一応、地方としては東北地方ということになるが、都心から車でおよそ3時間程度しか離れていない。新幹線を使えば、東京駅から福島駅まではわずか1時間半だ。

週末ともなれば、県内のゴルフ場が東京からの客でにぎわうのも、日帰りが可能な距離だからである。もともと福島は東京都市圏から身近な場所なのである。

「近藤さん、映像拠点、ここでどう？」

「沼田さん、ちょっとお尋ねしたいのですが、映画を作るとして最低どのくらいかかるのでしょうかね……」。

「どうなんだろうね……」

そこではたと気づいたのは、いつのまにか、映画のことなどさっぱりわからない者同士が、映画づくりの構想を練っているという、ある意味、無謀な状況である。

「町おこしとか村おこしの予算には二、三千万ぐらいのものをよく見るけど、あのくらいのものでとりあえず考えてみてはどうだろう」と言うと、

「そうですね、具体案を作ってみてくれませんか。私はどこかに使える予算がないかを探してみますから」と近藤さん。

ものを知らないということは、人を大胆にするものだ。

2

映画を作ろう！

若手の映画監督を探せ！

とにかく、ことは動き出した。だから私も動き出すのである。

何から動き出せばいいのか。そうだ、映画を撮る計画なのだから、監督がいなければ始まらない。ということで、私はさっそく映画監督を探すことになった。

映画に関してはシロウトの私だが、これについてはすでに秘策があった。

前にも触れたが、そもそも「映像で町おこし」という構想は、私一人が考えたわけではない。私の本の執筆を支えてくれた倉本さんという人物が知恵をくれたことから、このプランは始まったのだ。知事に渡したあの、「クラインガルテン＋フィルムアカデミー」構想も、倉本さんの影響を受けてまとめたものだった。

あれはたしか、2年ほど前のことだ。久しぶりに、食事でも行こうかと彼を誘った。

その時、倉本さんが映画のチケットを2枚、私に差し出した。

「じつは、25歳になる私の息子が商業映画を撮りまして、よかったら観てやってください」と、少し照れたような顔で笑っていたのである。

チケットには『思春期ごっこ』というタイトルが書かれてある。

「なんだ、息子さん、映画監督なのか。20代で商業映画を撮るなんてそりゃ、すばらしい活躍じゃないか」

「おかげさまで」

倉本さんはなんとも嬉しそうな顔で笑っていたのだった。

息子の名は雷大と言い、大学で映像を学びつつ、在学中に有名監督に師事して映画づくりを現場で覚えた。主に10代の女の子を主人公にした作品を手掛けてきたという。大学の卒業制作で撮った作品が評価され、その後、見事にチャンスを掴んで、『思春期ごっこ』を撮ったのである。これをきっかけに　新進気鋭の若手映画監督として注目されている、売り出し中の映画監督なのである。

そのことが頭にあったから、福島に提案しているプランが実現した暁には、その息子さんに撮らせてみたいと思っていた。

善は急げだ。さっそく父親のほうの倉本さんに電話をし、事情を話した。

「息子さんにこの話をしてみてもらえないかな」

「えっ、うちのセガレですか？　やると思いますよ。撮りたくてウズウズしていますから。さっそく本人に伝えてみます」
そうして倉本のオヤジさんからの返事を待つことにしたのだった。

クリエイター村3ステップ構想

数日たって、倉本さんから電話が入った。

「沼田さん、息子はやると言っています。息子の友達を含めた企画でもいいですか？」

「もちろんほかの人に声をかけてもらってもいいですよ」

その後、倉本さんからメールで届いた企画案には、倉本さんの息子の倉本雷大くん本人のほかに、3人の名前が挙げられていた。いずれも今、日本の映画界で未来を嘱望されている若手のホープということだ。

よし、これでもう一度、近藤部長に提案してみよう。

最初に知事に出したプランから規模は縮小したが「福島県の再生を目指して天栄クリエーター村3ステップ構想プロジェクト」なるものを作り上げた。

そのポイントは「天栄村を日本で一番暮らしてみたい村とする」こと。具体的な概要は左のとおりだ。

・ステップ1
若手映像クリエイターが一天栄村をロケ地に作品を作る（4人の監督が作品を仕上げる）。
・ステップ2
空き家等を利用し、映像を含むクリエイター養成スクール「天栄クリエイターズアカデミー」（仮称）開講。
・ステップ3
天栄村クリエイター移住促進プログラムの立ち上げ。
アカデミー修了生を中心にあらゆる分野のクリエイターを「移民」として受け入れる。
アトリエ・住居・ギャラリー等のインフラ提供でアピール。
同時に天栄村の農産物などをクリエイターたちがアート作品化し、商品化。

まずステップ1として、この映画作りに2000万円の予算を見込み、その映画を運営する制作委員会の経費として1000万円、合計3000万円の計画として資料をまとめたのだった。これがうまくいった暁には。ステップ2、ステップ3と、段階的に事業が続いていくというプランなのである。

微妙にクラインガルテン構想の枠を残しつつ、地元の資産を活用したプランに仕上げ、我ながらじつにいいプランができたもんだと納得していたのである。

だが、懸念されるのはそもそも一本、５００万円で映画が作れるのか、ということだ。映画作りにはたくさんの人が動く。スタッフだけで20～30人にはなる。そこに役者が加われば40人ちかくになる。それだけの人を動かすには当然ながらお金がかかる。

それに加えて重要なのが、撮影機材である。

音声、映像、照明とそれぞれに高度な機材を持ち込むことになるが、それらの機材は誰が調達するのか。４班それぞれがすべて機材を調達してしまうと、それだけで結構な経費を食ってしまうのだ。

そこで私が考えたのが、全班が同じ機材を使うことだ。どうせ使う機材は似たようなものだろう。たとえば森の芸術院という施設があったと仮定して、若者たちがそこの施設や機材を利用して作品をつくると考えれば、一そろいの機材だけを用意しておけばいい。

あとは一班ずつ、順に撮影をしていけばいい。苦肉の策だが、機材にお金を奪われてできないことが増えるより、よっぽどいいのではないか。

それより問題は、そんなことが物理的に可能なのか、である。さっそく倉本さんに相談してみた。

「息子に聞いてみたところ、4人とも互いに顔見知りだから、おそらくそれは可能だろうといっていました」

「おお、それはよかった！」

「ただですね。4Kのカメラというのは、めちゃくちゃ高額なんだそうですね。いずれにしてもレンタルということになると思いますが、借りるだけでも相当な金額がかかるらしいですよ」

「ん？」

そうだった。私もすっかり頭から消えかけていたが、4Kの技術そのものが新しいのだ。専用のカメラがどこにでもあるはずもない。これを調達することも、何か手立てを考えなくてはいけないのだ。

「わかった。とにかくカメラはオレがなんとかする。その1台をそれぞれの班が使いまわしていく、ということで考えよう」

このときのスケジュールでは、2015年の6月には監督4人を発表して、7月に制作委員会を設立し、それから脚本の作成にあたって、12月にはクランク・インするという運びになっていた。そして、２０１６年の７月に劇場で一般公開すると、そんなスケジュール感で企画していた。

この企画書をまとめて、さっそく近藤部長に送ったのである。

さて、近藤部長はいったいどんな反応を示すのだろうか。私の胸中は不安と期待が入り混じっていた。

予算半減？

7月が過ぎた頃、近藤部長から電話があった。

私の計画ではそろそろ制作委員会を立ち上げないと、計画がずれこんでしまう。だから連絡を待ちわびていたのはいうまでもない。いよいよ来たかと電話をとった。

「沼田さん、今、庁内で調整の話し合いをしているのですが、ちょっと困ったことが起きていまして」

近藤部長はいきなり不吉な感じで話し始めた。

「ん？　なんでしょう？」

「予算のことなんですが、はっきり言います。1000万円が限度ではないかと言われています」

「え？　1000万円といったら、半分じゃないですか」

「県がお金を出して映画を作るというのは、県はもちろん、全国的にも例がないので、いきなり大きい金額を提示しても「財政課」が受けつけてくれないと、地域振興課の課長が言っているんです。そういわれてみたら、そうなのかなと私も思うんです。いくら風評被害を払しょくして都会からの移住を促進と言ってもですね、映画をつくる予算を認めてもらうとなると、これはハードルが高いです。なんといっても県政史上初の案件ですから」

「うーむ」

「担当課長もすでに事業の申請を始めてくれているのですが、財政課からはことごとくゼロ査定、つまりNOの返事が突き返されているんですよ。担当課長の言うには、せいぜい1000万円だろうと言っているんです」

近藤部長もいよいよ現実の壁に当たっているといった感じの声音だ。

この担当課長とは、2015年の4月から地域振興課の課長に就いたばかりの高田義宏氏だ。高田課長は県の事業として映画づくりが企画されていることを初めて聞いた時、「はっ？　そんなの大丈夫なんですか？」と目を丸くしたという。

当然のことだ。県の予算で商業映画を作るなど、全国的にも例がないことである。しかも、何度も言うが、舞台は福島県なのである。今も懸命な復旧復興作業が行われており、県にとって大事な事業なら、ほかにいくらでもあるのだ。そんな時に映画づくりが進んでいると聞けば、どういうことだと疑問に思うのも無理はない。できれば関わりたくないというのが本音だっただろう。

しかし近藤部長の熱意にほだされたのか、高田課長も一応の理解を示してくれたようだ。そして近藤部長と高田課長とで話し合った結果、現実的に議会に理解を得られるのは、1000万円が上限だろうということで話がまとまったという。

とはいえ1000万円で4本の映画となると、一本250万円という計算になる。さすがにこれでは映画は作れないだろう。

ここは運命の分かれ道である。とにかくなにがしかの予算を狙いにいくのか、それともこの企画自体を諦めるのか。

私事だが、仕事において迷った時、私にはひとつの決め事がある。それは「やれるほうを選ぶ」ということだ。

最初に投げかけた企画や提案が、そのままOKになることはまずない。ときには企画の肝がごっそりともぎ取られることもある。今回のように、予算がまったく折り合わないこともある。

「だったらやる意味ないじゃないか」とさじを投げるか、それでも「やる」というか。

私は「やる」ほうを選ぶ。

諦めてしまえばそこで終わり。ジ・エンドだ。そこからはもう何も生まれない。だが、やれば、なんとかなるものだ。だから、とにかく「終わり」にしないことが大切なのである。つまりは人が頭だけで考えていることと、現場で起こっていることとは、たいていの場合、大きなかい離があるということが言いたいのだ。

そういう意味からして、頭だけで考えたプランがそのままの形で通るなんてことはありえない。複数の目にさらされれば、必ずごちゃごちゃと意見を言われ、どんどんと削がれていくのは、これはもう世の常、人の常である。

最終的に残ったものは、最初の企画と似ても似つかないものになっていることもざらである。だが、そこに残ったものを、世間の風に当たって無駄がそぎ落とされたものと捉えて、まずはそれを受け入れるのだ。そこからしか、ものごとは始まらない。

それが私の考える「現場主義」である。

「現場主義」のもう一つの側面は、何かをすれば、必ず何かが変わるということだ。小さなことでも自分が動けば、現実に変化をもたらす。無謀だろうと勝算が立たなかろうと、思ったことをやればいい。矢沢永吉だって「やっちゃえ」と日産のCMで言っているではないか。まさにあの精神なのだ。

すっかり話が飛んでしまったが、そういうわけで、私は一度始めたことは、何があっても「やる」ことを選ぶのだ。

「議会が1000万円というなら、1000万円でやれることを考えましょう。どうして、1000万円も出すなんて福島県はえらいよ」

私は内心そう思った。けっして負け惜しみではない。福島県が映画のために1000万円を用意するなんてことになったら、それこそ奇跡的なことである。しかも県の重責を担う部長が、なんとか通そうと動いていることが奇跡のように思えた。

「その代わり、これ以上、少なくなると、企画そのものが危ういけど、そこはどうだろうか」

と私が尋ねると、

「1000万円なら私が責任を持って通します」

と、近藤部長は力強く言ってくれたのだ。思わず私は、心から称賛の声を上げたのである。

見切り発車

困った。まさか予算が半額になろうとは思ってもみなかった。予算が2000万円から1000万円になったと聞いてからというもの、妙に胃がシクシクと痛むのだ。

「こりゃ困ったことになったなあ」

とつい口にしてしまっていた。さすがに予算が半減してしまうと、企画内容を根本から見直す必要がある。見直すというのはつまり、できることを削っていかなければならないということで、やりたいことを諦めていくというのは、なんというか、なかなか元気が出ない作業なのである。

私は渋々、倉本のオヤジさんに電話をした。

ことの次第を伝えると、

「そうですか」

と倉本さんも少し声のトーンが下がり気味だ。

「予算がこうなった以上、さすがに4本の映画を作るという目論見は諦めるしかないだろうと思うんだ」

「そうですね、250万円ではいくらなんでもですよね。いっそのこと、一本にしましょう」

倉本さんは打たれ強い。

「そうなると、きみの息子さんに監督をやってもらって、1000万円で映画を作ってもらうということにするのがいいと思うのだけれどね」

「そういうことでしたら、一度息子にも聞いてみます」

ここからさらに言い出しにくい話題をしなければならない。

「雷大さんの顔をつぶしてしまって申し訳ないんだけれど、そこ、うまくやってもらえないだろうか」

「わかりました。息子に言っておきます」

後味の悪さを残して電話を切ったら、胃がきりきりとし始めたのだった。

その後、倉本さんは息子に伝えてくれて、すぐに3人の監督に断りの電話を入れてくれたのだった。

この段階ではまだ息子の雷大氏には会っていないというのに、彼には悪いことをしてしまった。ただ、後日、詫びを入れた時に彼はこう話してくれた。

「映画の話って降っては消えることが日常なんで、さして気にもしていなかったです。ほかの3人も事情を話せば、すぐに納得してくれましたから。映画ってそういうものなんですよ」

実に割り切った答えで、ほっとしたのだった。

なんでオレがこんなに困らなければならないのか、と思わないではない。だが、これも自分が言い出したことだ。最後まで貫き通すしかない。諦めないでやっていれば、なんとかなるだろう。そんなふうに毎日、自分を奮い立たせていた。

とにもかくにも監督は1人にし、その候補として倉本雷大という新進気鋭の監督を用意していることを近藤部長に伝えておいた。

怪しがる村長

その頃、福島県は予算獲得のための調整と並んで、天栄村役場にも今回の映画構想の話を持ち込んでいた。8月中旬には、近藤部長が添田村長に直接、今回の取組について説明をしに行ったのだった。その時、添田村長は「村を上げて応援したいと思います！」と言ってくれたという。

近藤部長からその報告を聞いて、私もほっとした。こちらはよかれと思って動いてはいるけれど、村にすれば「なんで県が映画に予算を出すんだ?」と、まずは疑問を抱くだろう。しかもその発起人が、まったく福島と関係のない68歳の年寄りと聞けば、戸惑うに違いない。それだけに震災被害の影響がある中で、全国的にも珍しいこの事業をよく理解してくれたものだ。そのチャレンジ精神に頭が下がる。きっと添田村長という人物は、気骨のある人物に違いない。この企画が実現すれば、いずれ会うことになるだろうが、その時が楽しみになった。

ところがである。後にわかったことだが、添田村長は最初にこの話を聞いた時、「なんか怪しいぞ」と思っていたそうだ。

「この村で映画だなんて、最初はウソだろうと思いました。騙されないようにしないと」と、警戒していたというのだ。

その後に私が村長に会った時に、直接、本人から聞かされたのだから間違いない。

それを聞いた時は、正直ショックだった。私の思いに、心から賛同してくれたものとばかり思っていたのに……。自分ではとても純粋に社会貢献としていることでも、ほかの人から見れば、胡散臭く映るのかもしれない。

そういえば妻にはよく「あなたはほら吹きだ」と言われる。何をいうか、と反発してきたが、世間から見ても、オレのやっていることは、そんなに怪しいのか……少しだけ気持ちが沈んでしまったことは否めない。

「直接、県の職員の僕が伝えたのに、やっぱり村にしてみれば怪しい話に聞こえたのかなあ」と近藤部長は笑っていたが、私が思うに、疑われていたのは彼ではなく、私のことだったんだろうなあ。

だが、その一件を通じてまた、近藤部長がうるさい年寄りが言うことだからとか、知事のお声がかりだからとかいう気持ちで、渋々動いているわけではないこともよくわかった。近藤部長の変わらぬ映画への熱意があったからこそ、皆が足並みを揃えてくれたのだ。

私にはかえってそのことが嬉しくて仕方なかった。

さて、話は戻る。

「村も協力してくれるとのことなので、私は急いで予算編成に向けた事業案を作成します」

近藤部長は声を弾ませて言った。

自分のささやかな発言によって、県が動きだし、村が呼応していく感覚が手ごたえとなって伝わってくることに、自分の声が生かされている手ごたえを感じつつ少しばかりのおもはゆさも感じていた。

この自然豊かな土地で、若者たちが思う存分、撮影にいそしむ姿を頭に浮かべていたのである。だが、気持ちよく夢を見られていたのもここまでで、ここから先はまさに息もつけない展開が待ち構えていた。

自由に映画を撮らせる約束

夏が過ぎ、秋風が吹き始めた9月になって近藤部長から連絡が来た。

「予算化はまだ未定なんですけど、どちらにしてもやるならそろそろ具体化していかなければなりません。まずは監督になる予定の人物に、村を見てもらうというのはいかがでしょうか」という。

「ごもっとも、ごもっとも。では監督にその意向を伝えてみます」

その時、私は一つだけ気がかりなことがあった。

「近藤部長、一つだけ約束をしてほしいんです。それはね、映画の内容に県も村も、口を出さないということなんです」

これには理由がある。

若い人に自由に撮ってもらう、ということが今回の肝であったからだ。若い人が自発的にこの舞台にやってきて、自分の感性でその村を描く。そこに価値がある。

県や村が自分たちの利害関係をさしはさんで、若者たちにあれしろこれしろというのでは、ただ県が金を出して作る広報映画になってしまう。

この企画はそうではない。本質的に違う。

若い人たちに活躍の場を与え、才能を発揮する場を与えるための試み、そこが肝心なところなのだ。そこはなんとしても近藤部長に理解してもらわなければならなかった。

私は、そのことを噛んでふくめるように話した。

「沼田さん、わかってます。そもそも県や村が口を出そうにも出せないと思いますよ。だって映画作りのこと私たち役人は何もわからないですから。ただ、震災に関しての描写は、やっぱり県民、村民の感情を配慮してもらわなければなりません。そこはひとつお願いします」

「もちろんです。おそらく震災をテーマにすることはない、というよりしなくてもいいんじゃないかと私は思っているのですがね」

「わかりました。では、私から村に監督をお呼びする旨を伝え、日程を調整します」

そういって近藤部長は電話を切った。

いよいよ動き出したのだ。まだ予算は決まっていないというのに、彼からそういう声がかかるのは、すでに予算獲得の目星がついたということだろうと私は心が弾んでいた。

当初よりも予算が大幅に削られたとはいえ、実際に1000万円の予算がもらえるとあらば、これは大したことなのである。あとは、どんな映画を誰が撮るのか、ということになってくる。

さっそく私は、そのことを倉本さんに伝えておいた。

実はその頃、福島県庁内では担当課長である高田さんが、映画のための予算獲得に向けて相当の尽力をしてくれていたことを、私は後で知った。

そんなこととはつゆ知らず、私たちはもう映画の撮影に向けて見切り発車をしていた。

いざ天栄村へ！

後日、近藤部長から正式に、倉本監督を天栄村に連れていく日程が10月9日で決まったとの連絡が入った。

さっそく倉本さんに連絡し、息子さんの雷大さんに確認してもらったところ、ＯＫの返事が来た。よし、決まった！

いよいよ私も村長をはじめ、村の人たちと対面することができる。とはいえ、私はまだ倉本さんの息子さんとは一度も会っていない。

本来ならば村を訪れる前に一度会っておくべきなのだろうが、しかし正式に決まったわけでもなく、ただ構想を進めているという段階で会っても実のある話はできない。まずは雷大さんに村を見てもらって、映画になりそうかどうか、判断をゆだねる方が話は早いのだ。

「まあ、なんとかなるだろう」とタカをくくって、倉本さんとは東京駅で、待ち合わせをすることにした。

この日参加するのは県からは近藤部長に高田課長とその部下の3人、天栄村からは添田村長のほか総務課企画係長の星展弘さん、それに村の商工会会長の松崎淳一さんと商工会事務局の稲川めぐみさん、そしてこちらは倉本監督と私、という布陣である。昼食には、添田村長も参加してくれることになった。

さて、天栄村視察の当日。

監督との待ち合わせは午前8時半頃だった。

横浜の自宅から東京駅に向かい、そこから新白河駅に向かう新幹線に乗りこんだ。しばらくして私の携帯電話が鳴った。倉本監督だ。悪い予感を覚えつつ電話に出た。

「すみません、寝過ごしてしまいました」

やっぱりそうなのか！

「で、いつ頃になりそうかい？」

「予定の新幹線の一本後に乗れると思いますので、11時には行けると思うんですが」

「よしわかった。じゃあ、県や村の人たちと待っているから」

そういって電話を切った。

監督と言ってもまだ20代の若者だ。失敗もあるさ、と気を取り直して、私は新白河駅のホームに降り立ったのだ。

小春日和の好天に恵まれた。その中で改札にはもう近藤部長や高田課長など数名の県の職員が出迎えてくれていた。

私は挨拶もそこそこに、事情を話した。が、天栄村の人たちは監督を案内するために、各所に配置についてくれているという。だが、この一時間のズレによって大幅に予定が狂ってしまうのは必定だ。

慌てて高田課長が村の人と、スケジュール調整の電話を入れるのを、横で聞いていた。すでに村の人たちは所定の場所で待機してくれているのだが、お昼には添田村長が参加しての昼食が予定されている。

少なくともそこには時間通り入らなければならないため、午前中に回るはずだった予定はすべて午後に回すことになった。少し遠出しての見学は断念しなければならないか。

電話のやりとりを横で聞きながら、なんとなく気持ちに暗雲が垂れ込めてくるのだが、そういう気配はおくびにも出さないように気を付けた。

しばらく新白河駅の新幹線改札を出たところにあるベンチで、その後の経過を聞きながら時間を潰していたら、何やら服装の怪しい金髪の若い男性が、改札を出てきた。

それが倉本監督だった。

「お待たせしてしまって、すみません！」

そういう監督の目は真っ赤。昨夜の撮影が徹夜になり、少し仮眠をと思って横になっていたら、寝過ごしてしまったという。

「まあ、とにかくこれで揃ってよかった。では村に案内してもらいましょう」

と私は、元気よく言ったのだが、倉本監督を見る職員の人たちの目が不安げに見えたのは気のせいではなかった。

みんな半信半疑

倉本監督は実に物静かで、一見したところ、何十人ものスタッフをねじ伏せまとめていくというタイプではなさそうだ。かといって、へらへらしたところもまったくない。真面目というのでもない。つまりとらえどころがない。

だが、会話をしてみると、話ぶりにどことなく愛嬌がある。学生時代から映画の現場で映画作りを学んだという。27歳という年齢ですでに商業映画を撮った実績を持つのだから、新進気鋭の監督という言い方は、決して誇張ではない。

近藤部長は、この日のためにツタヤで彼の代表作『思春期ごっこ』を借りて、予習を済ませてきていた。しかし今その監督を目の前にして、少し気が重そうだ。まあ、それも無理はない。彼は今から、福島県政史上初となる事業のために、この一見頼りなげな若者を、村に紹介しなければならないのだから。

とにかく県の職員のクルマに乗せてもらい、村役場に向かったのである。

新白河の駅から天栄村役場まではおよそ20キロ、クルマでおよそ30分の距離だ。ついた頃にはもうお昼に近い時間になっていたので、午前中の予定はすべてキャンセルして、村長が参加することになっている昼食のお店に入った。いつの間にか、村の人たちも増えていて、総勢15人ほどに人数が膨れ上がっていた。本来なら、私が村長と差し向いに座るところだが、私はせっかくだからと監督に私の席を譲り、その横に私が座って、県職員と村長と監督で話し合ってもらうよう気をまわした。

近藤部長が村長との橋渡し役をしてくれたことで、この映画事業の意義や県も予算獲得に向けて努力していることや、映画を作ることになった場合の村への協力体制のお願いなどを、話し合うことができた。

「とはいっても、これから監督にしっかりと村をみてもらってからじゃないと、まだ彼が撮ると決まったわけじゃないんです。インスピレーションがわくかどうかが今日の最大のポイントなんですよ」

私は、あまり監督にプレッシャーがかからないようにそんなふうに言うと、横で高田課長が、

「そうそう、県でもまだ予算が確定したわけじゃありませんから」

と慌てて言葉を継いだ。

県の財政課と連日の打ち合わせをしていた高田課長は自身が、こんなことやっていて大丈夫なのか？　と半信半疑だったことだろう。

近藤部長と私の勢いに押される形で実務には当たってくれているが、県の職務を預かる者としては、なぜ自分が映画なのかという思いが胸の内にあったようだ。

一方、倉本監督にしても、父親の知り合いが映画作りを進めているというだけで声をかけられ、詳しい話も聞かされぬまま福島の地を訪れた状態だ。

後で知ったことだが、映画の企画というのは、企画倒れになることが頻繁にあるという。その原因のほとんどは制作費が思うように集まらないことにある。つまり映画の企画というのは、大した確証もないまま持ち上がってくることが多いのである。

また綿密に進めていても、途中で話が消えてしまうということも日常的に起きるため、倉本監督自身もそのことをよくわきまえていた。

「あの時は正直、どうせ撮れないんだろうと思ってました。何かのきっかけになるかもしれないから、ちょっと顔を出しておくかという軽い気持ちでした」

そんなあやふやな気持ちで来てみたら、何人ものスーツ姿の役人に囲まれたわけだから、さぞかし驚いただろう。

そもそも村役場や商工会の人たちこそ、半信半疑だったに違いない。

県からの話だからいい加減な対応はできないにしてもだ。この村を題材に映画を撮るという話が降ってわいたように持ち上がり、いきなり東京から映画監督が視察に来る、といわれても、村の人たちには怪しさいっぱいである。

私としても、今回監督と話をしてもらえば、もう少し説得力も出てくるだろうと思っていたのだが、肝心の監督が徹夜の後のふらふら状態だ。

この日、集まった人たちの中で、熱い思いを持って臨んでいたのは、近藤部長と私だけで、ほかの人たちはそれぞれに不安を抱えてしまっていたことは想像に難くない。

「それじゃあ、まずはしっかりとこの村のいいところを見て行ってください」

と添田村長が、溌剌とした笑顔で言い、食事会はお開きとなった。

そこからは県と村の人たちに、村の要所を一通り車で案内してもらうことになった。

東は有機農業、西は英国風

福島県は浜通り、中通り、会津と3つのエリアに区分されるが、天栄村は中通りから南会津にかかるほど東西に長く、柄の短い斧のような形をなしている。

羽鳥湖という人口湖を中心に東部と西部に別れ、東部は釈迦堂川と竜田川によって肥沃な耕地が続く農村地帯で、冬も雪が少ない。

古くから農業が盛んで、山に囲まれた平地には広大な稲田が広がり、野菜作りも盛んな土地だ。早くから有機栽培に取り組み、特にこのあたりで獲れる「天栄米」は無農薬、無化学肥料栽培で作られている。除草剤が使用されない水田から獲れる米は上質で、2008年から9年連続で「米・食味分析鑑定コンクール国際大会総合部門」で金賞を受賞しているほか、国際大会でも金賞を獲得している、世界が認めたお米である。

この「天栄米」のほか、やはり有機栽培で作られる長ネギとヤーコンが特産品である。ヤーコンとは、中南米アンデス高地原産の芋だ。味や歯ざわりは大根のようにシャキシャキしている。オリゴ糖の塊と言われ、健康食としても知られている。地元ではこのヤーコンをカレーに加えたヤーコンカレーの販売に力を入れている。

米どころとあって、酒造りも盛んだ。実は、この日、視察に参加していた地元商工会会長の松崎淳一さんは、100年以上続く酒蔵、松崎酒造店の当主である。「廣戸川」という銘酒で知られる酒蔵で、ここもこの日の視察ポイントに含まれていた。

一方、西部はそのほとんどが山岳地帯で、冬は積雪が2メートルを超える。近年は、そうした自然を生かしたリゾート開発が行われ、羽鳥湖の周辺にはスパリゾート・テニスコート・キャンプ場・コテージを備えた「レジーナの森」や中世英国の「街」の雰囲気を再現し宿泊施設も備える「ブリティッシュヒルズ」というリゾート施設のほか、オートキャンプ場やペンション村、ゴルフ場、道の駅が点在する。

また天栄村は地元では名湯の地としても知られており、天栄温泉、岩瀬湯本温泉、二岐温泉、羽鳥湖温泉と4か所の温泉場を備えている。

このように、おいしい農産物あり、温泉あり、リゾート施設あり、ゴルフ場あり、湖のある高原には自然が豊富と、見どころ満載の村なのである。

私たち視察団はそれら村の要所を、大急ぎで回っていった。

車中では、倉本監督がうつらうつらと居眠りをしてしまいそうになると、近藤部長が

「監督は、若い女の子を主人公にした作品が多いんですか?」、「監督の作品の『思春期ごっこは』は何日かけて撮ったんですか?」と、ナイスなタイミングで問いかけている。

そのうちに松崎会長の酒蔵についた。そこで松崎会長は一通りの酒造りの流れを教えてくれた。倉本監督にしきりと蔵の建付けや、樽の配置などを観察していたようだ。

そこへ松崎会長が一升瓶を持ってやってきた。

「監督は、酒好きですか?」

「いや、僕はほとんど飲みません。というか飲めないんですよね」

と監督が言うのに、

「まあ、そういわないで一口。うちで造った酒なんです」

そういって監督に試飲用のチョコを渡すと、松崎酒造の自慢の酒、「廣戸川」を注いだ。

こう言われると断れるはずもなく、監督は恐る恐る一口舐めた。

「ん? これなら僕にも飲めます」

私は「大丈夫か?」と思って見ていたのだが、一同満足そうにその光景を眺めている。

そこから明らかに監督の雰囲気が変わった。

その後、再び車に乗りこみ、羽鳥湖とその周辺施設ほか、温泉地に田園風景など一通り周るうちに、倉本監督は、時折、「この田んぼの風景、いいですね」、「このあたりに高校はありますか？」、「どんな制服ですかね？」などと、具体的な質問を繰り出すようになってきた。その都度、天栄村総務課企画係の星さんや商工会の稲川さんが、村には二つ中学校がありますよ、とか、隣の岩瀬には農業全般が学べる農業高校がありますよ、というふうに、適切な返答を返していた。

一通りの案内を受けた後、村の人とはそこで別れたのだが、村の人たちの間にも不安が広がっていたようだ。

「正直、遅刻はするわ、遅れてきても挨拶もしないわで、倉本監督の第一印象はよくなかったです」

と笑うのは、天栄村商工会の事務局スタッフで、天栄村ふるさと子ども夢学校推進協議会の運営を務める稲川めぐみさんだ。後にそのことを監督にも素直に伝えたというが、それは稲川さんだけの感想じゃなかったに違いない。

稲川さんは、実にはきはきとしていて、バイタリティーのある女性だ。

彼女が従事している「ふるさと子ども夢学校」とは、もともと国内の子どもたちに農村体験をしてもらうプログラムとして創設されたものだ。村の行事に参加したり、稲刈りなどの農作業ほか、一般家庭でのホームステイなども組み込まれている。

ところが震災後は国内の子どもの体験企画は途絶え、その代わりに外務省の外郭団体が主宰する、海外の学生を受け入れるプログラムが中心となっている。稲川さんは世界の様々な国々からゲストを迎えて、その間のさまざまな研修、宿泊企画を立案し、生活全般のお世話をしてきた実績がある。

「映画の人たちが来るといっても、私たちにとってはプログラムの一環、といった感じで対応できるんです」

と、むしろ日本語が通じる相手だからやりやすいといったところだ。

天栄村は国際色豊かな地域なのである。そのリーダーとして指揮を振るっている稲川さんほか、商工会の方々は、他地域からの団体の受入れなど手慣れたもののようだった。

「ただ、今回は研修にくるわけではないので、映画の撮影では何が必要なのか、ニーズがわからないんです。自分たちが役に立てるのかというのが不安でした」

それだけに監督が来たらあれこれ聞こうと思っていたのだろう。それだけに、がっかりしたのも無理はない。

そもそも当の監督が「どうせ、やらないんだろうなあ」と半信半疑で来ているのだから仕方もない。県にしても予算がたつ見込みもないのに動き出していることに、課長以下、職員は戸惑っていたのだ。三者三様に不安を抱えたまま、視察は終了。再び新白河駅に向かったのだ。

新白河駅売店前ベンチ企画会議

帰りの新幹線は決めていなかった。

ちょっと話し合おうかということになり、近藤部長を含め県の職員3人と、倉本監督、そして私と5人、新幹線改札へと続くコンコースの売店の前にあるベンチに腰をかけた。

「新白河駅売店前ベンチ企画会議」の始まりである。

「どうだい、この村で映画が撮れそうかい？」

開口一番、私は倉本監督に尋ねた。福島県の近藤部長が興味深げに彼の表情をうかがう。

「一つだけ、確認しておきたいのですが、いいですか？」

と意を決したように倉本監督が言う、

「どうぞ。こういう時に疑問を残しちゃいけない」

「あのですね、本当に自由に映画を撮らせてもらえますかね？」

なるほど、もっともな質問だ。県がお金を出すと聞けば、作品にいろいろと口を出されるのではないかと疑うのも無理はない。私もここで助け舟を出す。

「私はね、今回の企画は若い人たちが自由にこの場所で、映画を撮るというところが肝心だと思っているんです。間違っても、福島県のピーアール映像を撮るための事業ではないというところは、大事なところです。若者たちの創作活動に、オトナは口を出すべきじゃない。どうだろうね、近藤部長、そこんところは」

近藤部長に水を向けた。

「今回の映画は、たくさんの人に見てもらうことが一番大事だと私も思っています。県のピーアール映画を撮ってもらっても、結局は誰の目にも触れないものになってしまいますから、当然、監督の意欲作を作っていただくのがいいと思います」

きっぱりと言ってくれたのだ。

「だったら僕は、撮りたいです。それが福島だから云々ということではなく、僕は映画監督ですから、撮れるチャンスがあるならいつでも撮りたいと思っている、ということなんですが」

と、倉本監督もここぞとばかりに意欲を見せたのだ。

倉本監督が言うには、「映画が撮れるチャンスはめったにない」という。だからどういう形であれ、映画が撮れるならどこにでもいく。予算とは関係なく、少ないなら少ないなりにやる、というのだ。まだ少年の面影が残る風貌だが、なかなかどうして、気骨のあるオトコなのだ。

「天栄村の田んぼの光景が気に入りました。この村を中心に、ここに住む人、ここから出ていく人、どこかから来る人、戻ってくる人といった感じで、群像劇をやってみたいなと今、思い始めています」

どうやら監督の創作意欲もわいてきたようだ。

「ただ……」

と、近藤部長が話し始めた。いよいよ役人的なつまらんことを言いだすのかと不安がよぎる。

「福島県、ならびに村のイメージを悪くするようなテーマはやっぱり避けていただきたい。その点で要望をお伝えすることもあるかもしれないということはご承知おきいただきたい。とはいえ、県や村が無闇にあれこれと口を出すことはないよう、そこは村とも話して最大限、監督の意思を尊重したいです」

「そこは大事なところだね。やっぱり政治、宗教、それからエロ、グロ、ナンセンスはダメだよ。村の人をがっかりさせちゃいけない。そこだけ理解してもらえば、あとは監督の思うようにやってもらえばいいんじゃないかな」

私がそういうと、倉本監督は、

「いや、最初からそういうのは考えてないです。できれば村の魅力を最大限、映像に生かしたい。ただ僕も、ご当地映画にはしたくないです。どこの映画館でもかけてもらえる映画作品を作りたいということはご理解ください」

「うん、そこはみんなが望むところだ」と私はほっとした。

「じゃあ、これで決まりですな。監督がやりたいと言ってくれているんだから、もうこれは決まりでいいでしょう」

私は、晴れ晴れとした気持ちでそういった。だが、隣にいた高田課長は心なしか表情が曇ったようだった。本当にこんな前代未聞の事業ができるのか？　やっていいのか？と心の中で自問自答していたかもしれない。そりゃそうだ、最前線で財政課と戦っている張本人なのだから。

しかし、そんなことはお構いなしといった感じで近藤部長が、

「監督がいいというのだから、もう問題ないじゃあ、ないですか」

と満面の笑顔なのである。こうして、福島県が予算を拠出する事業としての映画作りを本気で進めていくことが決まった。

「ところで倉本監督は4Kカメラを持っているか?」と、私は尋ねた。

それがまるで、ポケットカメラでも探すように言ったように聞こえたみたいで、倉本監督は少し笑いながら。

「あのですね、カメラって監督が所有しているわけじゃないんですよ。撮影を依頼する制作会社に手配を任せるわけですが、かといって4Kとなるとどこの制作会社にもあるというものでもないんですよね」

「やっぱり借りるしかないか」

「借りるにしても4Kカメラはレンタル費の値が張りますよ。予算次第ですけど、少なくとも1000万円程度の制作費だと厳しいでしょう」

「そうなのか、わかった。だったら私が4Kカメラを手配することにしよう。幸い私は総務省にも知り合いがいてね、総務省は4K映像を世に広めたくて仕方がないんだから、私がかけあってタダでカメラを貸してもらうことにしてみよう」

ここでもまた見栄をきってしまった。

「では、我々は何としても予算がもらえるように、頑張ります」

と、地域振興課主査の栗林さんも晴れやかな顔だ。

「そういうことだから、倉本監督、映画づくりの体制に入ってよ」と私が言うと、

「わかりました。まずスタッフを固めて、脚本づくりの準備とキャスティングを始めたいと思います」

こうして「新白河駅売店前ベンチ企画会議」は、大団円を迎え、三者それぞれが役割を背負って、それぞれの帰途についたのであった。

3

で、映画ってどう作るの？

撮るなら4Kカメラだ

私はさっそく総務省の知り合いのところに確認の電話を入れてみた。

「以前、ちょっとお願いしていた件だけれどね、例の4K映像の撮れるカメラというのは貸してもらえるものだろうか」

と尋ねた。

「ああ、あの件ね。福島のお役に立つことなら大丈夫でしょう」と、すぐに動いてくれることになった。ありがたいことだ。

ひとまずこれで県や村に、

「ハリウッドに引けを取らない最先端映像の4Kで撮影します！」

と大っぴらにアピールすることができる。私は、どうだと言わんばかりの気持ちになった。そしてさっそく県の近藤部長と倉本監督に、どうだと言わんばかりの勢いでそれを伝えたのだ。

しかし、４Ｋがどういうものか、詳しいことは私にはわかっていない。だが、ハイビジョン以来の映像のイノベーションと言われていて、総務省も一般家庭への普及を図っているのだから、「４Ｋ」と謳うだけでハクがつく、というものなのである。県の近藤部長もことのほか「４Ｋ映像」での撮影ということに喜んでくれた。そして、この事業について村との連携の枠組みも、おおむね出来上がったタイミングで、「ここからは地域振興課の高田課長に引き継ぎますから、高田さんと話し合いながら進めてください」

と言われた。そして実際に、それ以来、この件で近藤部長が会議の場や村への訪問に姿を現すことはなくなった。

近藤部長はその翌年の２０１６年、いよいよ映画の撮影が始まるという頃、福島県から総務省消防庁へ異動になり、実質的にこの事業から離れたのだった。ちなみに彼が、消防庁に移った途端、熊本県大震災が発生し、彼は危機管理センターで不眠不休の対応を行った。熊本大震災では政府の救援活動の対応の早さが話題になったが、その背景に彼を含めた消防庁職員の活躍があったことをここに記しておきたい。

さて、ここからは高田課長がこの案件を一手にひき受けてくれることになったわけだが、それはこの案件そのものが高田課長の責任に移ったことを意味するのである。

一方、倉本監督にも、

「これで4K映像で撮れるぞ！」

と伝えた。

また倉本監督からこんな提案があった。

「プロデューサーを付けてもいいですか？　僕は映画監督なので、お金や契約上の交渉事など、映画制作上の作業以外のことはできません。また映画が仕上がった後のプロモーションとか、配給、上映の手配なども、通常はプロデューサーが担当するんです。映画監督というのは、あくまで映画という作品を作るのが仕事であって、それ以外のことはできないので……」

よくよく聞くと、映画作りはお金の交渉ごとから各種契約、宿泊の手配から機材運搬に至るまで、あらゆることを手配できなければならないのだ。よほど映画作りの勝手がわかっていないと務まらないらしい。

それだけではない。俳優さんたちとのパイプも必要だし、映画館や配給会社とか映画に関するあらゆるところに顔の利く人でなければできない仕事だという。

「幸い私の知人に有能なプロデューサーがいますので、よかったらその人に頼みたいのですが、いいですか？」

「わかった。監督のやりやすい体制を作ってくれればいいから」

「ではさっそく連絡をとってみます」

「ところで、どんな物語になりそうかい？」

私は話題の矛先を変えた。

「今のところ、10代を中心とした恋愛映画ですかね」

「ほお？」

なんでまた田舎の村で恋愛映画なんだろうなあ、というもやもやはあったが、監督がそういうのだから、そこも任せるしかない。

監督が思うようにやってみてくれ、といって電話を切ったのである。

台湾からヒロインがやってくる

ちょうどそのころ、県庁では高田課長の「映画予算獲得作戦」が山場を迎えていた。高田課長は、ゼロ査定で戻ってくる度に理由を聞き、見直しては再度提出する、ということを繰り返していたのだった。

ここで少し、地方自治体の予算事情について触れておこう。

翌年度からその事業を開始するには、その年度末に行われる議会で、来年度予算として可決されなければならない。当然、議会で審議が行われるまでには、県が予算案をまとめていなければならないわけだ。

その予算案をまずは知事が承認する手続きがある。そして知事の承認を得るためには、内部で様々な調整が行われ、これでよし、という案にまとめ上げていなければならないのだ。その大もとになる予算案を策定するのが財政課である。

財政課では、予算案の審議に間に合わせるために、前年のうちにほぼ予算案の草案をまとめていなければならない。そこで各部署では、各々が管轄する事業について「〇〇の事業をやりたいから予算〇〇円ください」という予算申請を財政課に行うのである。受け取った財政課はそれぞれが来年度、取り組む事業として相応しいかどうか、端的に言えば、議会で承認を得られる事業内容と予算になっているかどうかという観点で査定する。

どんな素晴らしい事業案でも予算がつかなければ事業はスタートできない。つまり白紙だ。ゼロ査定というのは、事業としてまったく認められませんよという答えなのである。

今は全国どこの地方自治体も財政状況がひっ迫しているため、前年度よりも予算規模を縮小することを目標とする、「マイナスシーリング」の時代だ。

そうなると既存の事業でさえ存続を見直すことになる。そのような時に、新しい事業を組み込んでもらうには、相当の理由が求められるのだ。

さらに、前例がない取り組みは、いの一番に注目され、これはなんだ、ということになる。そうなると予算案自体がなかなか成立せず、議会運営に支障をきたすことになりかねない。そうした舞台裏の事情もあって、財政課としても新規事業に関しては査定の目が厳しくなるのである。

それが県政史上初の試み、しかも映画作りの予算というよくわからない事業案となればなおさらである。よほどの必要性がなければ、査定で跳ね返されてしまうのだ。

ただ、予算案を組むまでは、庁内の調整だから、一度、はねられたからといって、それでダメということではないのだ。ということは担当課の課長がどこまで熱意をもって粘るかということになってくる。それでももちろん、粘ってもダメなものはダメということになるのだが。

高田課長は、すでに7月あたりから、この映画事業に向けた調整をしてくれていた。しかし、何度提出しても「ゼロ査定」、つまり事業化不可の返答が返ってきていたのである。

彼はそのたびに財政課と何度も話し合い、何がこの事業に足りないのか、要求予算が高すぎるのか、福島県民にとってどんな効果をもたらすのか、何をもって評価するのか、ということを綿密に計上しながら、議会で承認される事業案に調整していたというから、まさに涙ぐましい努力をしてくれていたのだ。

もちろんそんなことを彼はおくびにも出さなかったから、私がそれを知ったのは、ずっとあとのことだ。

手間のかかるやりとりを経て、高田課長が予算獲得に手ごたえを感じられるようになった頃、いよいよ具体的な話をしようではないかということになり、11月の下旬と12月の上旬の2度にわたって、会合を開くことになった。

最初の顔合わせは２０１５年11月20日。関係者による初会合が東京の神田小川町にある、私の事務所で行われた。参加者５人のうち３人が東京ということで、わざわざ高田課長と課員が福島から東京に来てくれた。

新しく加わった田中清孝プロデューサーは、倉本監督とは正反対の、たいがいのことはやり遂げてやりますよ、といったタフな雰囲気を持つ、スタミナのありそうな40代だ。

この日、県の人たちが福島からわざわざ東京に足を運んで来てくれたのには一つの理由があった。

「私、この3月まで土木部にいたもんですからね。なんで映画の話になったのか、正直よくわからないんですよ。そして映画作りっていうのがどんなもんなのかっていうのもですね、さっぱりわかんないんですよね」

高田課長はそういって、不安を全面に打ち出してきた。当然である。

必死になって予算獲得に動いてくれてはいるが、映画づくりとはどんなものなのかということを、県の職員の人たちはわからないのだ。正直に言えば、私だってさっぱりわからない。

それを受けて、田中プロデューサーが大まかな流れとスケジュールなどを話してくれたのだった。

「なるほど。でも県が予算として拠出できるのはせいぜい1000万円だと思うんですよね。これくらいの予算で、映画って撮れるものなんですかね?」

「大丈夫です。やりようはいくらでもあります」

とちょうどその時、田中プロデューサーがかかわっていた、仙台を舞台にした映画の撮影を例に出しながら説明したことで、高田さんもほっとしたようだ。

「ただ、予算はあればあるだけ、選択肢も増えますから、私の方でも別途、協賛金を集めたいと思っているんですが、こちらで協賛を募るというのは大丈夫でしょうか?」

「ああ、それは問題ないと思います」

「一番気がかりなのは、スタッフの宿泊と食事です。食事はこれ、朝昼晩と三食必要になります。この食事代がまたバカにならない。こういうところにまとまったお金がかかります。これをなんとか無償で提供してもらえたら嬉しいのですが。ところで県からはいつになったらお金を振り込んでいただけるでしょうか? 当面は私たちの立て替えも出てくると思うので、本当に県からお金をいただけるのか、そこが問題なんですよね」

「それはまだ、なんとも……」

「本当にお金はもらえるんですよね」

「それはまだ、なんとも……」

「その場合、県との契約というのはどんな感じになるんでしょうか」

「それもまだ、なんとも……」

肝心の予算がまだ確保できていないというのに、田中プロデューサーは、初対面にも拘わらず、お金のことについてギリギリと話し始めた。

場がぴーんと張りつめた。その時、倉本監督が割ってきたのだった。

「田んぼが綺麗ですよねぇ。田んぼを綺麗に撮りたいんですよねぇ。田んぼの緑は田植えしたばかりの頃がいいのかなあ。田植えの頃に撮りたいんですよねぇ」

この言葉で、一同がまったく違う世界に誘われたのである。

「田植えはだいたい5月の下旬ですかね」と高田課長が言うと、

「じゃあ、撮影は5月の下旬に決めましょう」と、倉本監督がうんうんと自分で頷いている。

「監督、あと半年しかないですけど」と、田中プロデューサーが、焦ったように監督に話しかけた。

「あのー、台湾の女優さんにちょっと声をかけているんですよねぇ。それで脚本家の方にもそのことは話してあるんですけど、その人、人気の作家さんなんで、早く正式にオファーしたいんですよねぇ。そうなると脚本家にも村を見てもらいたいんですよねぇ」

倉本監督はふわっとした話しぶりだが、大前提となる予算のことなどお構いなしに、頭の中ではもう作品作りに走り出しているのだ。

「あの、お金の話に戻りますけどね、監督の言うとおりに撮影日を決めるならですよ、これからキャスティングもしていかなければならないんで、お金のところだけはですね、これはもうはっきりしてもらってですね……」

と、田中プロデューサーがまたもお金の話に引き戻すのである。

しかしだからといってギスギスするわけではない。強いて言うなら、熱度、というものだ。ここまでお金の話が出てくると確かに話がリアルになってくる。やっぱり現場の人間が入ってくると、熱度がぐっと上がってくるのだ。

役人と丁々発止で話をしているのを見ていると、参加メンバー全員に「本当に進んでいくことになるんだなあ」という気配に満ち満ちてくるのだ。見たかぎり監督もプロデューサーももう、撮る気満々である。

それにしても台湾から女優を呼ぶなんていうビッグニュースが飛び込んできたのには

驚いた。

「海外から女優さんが来てくれるとしたら、これはなかなかいいじゃないですか。そもそもこの映画は海外の人たちに福島が日常を取り戻している状況を知ってもらいたいんだから、映画に国際色が漂うというのはけっこうけっこう。これは日台友好の話にも発展できそうだね」

と私の大風呂敷もさらに広がっていくのだ。

天栄村は前にも紹介した通り、「子ども夢学校」の活動で、海外から多くの青少年を受け入れている実績を持つ村だし、中世の英国を模した街で英語研修プログラムを実施している「ブリティッシュヒルズ」があることから、「英語の村てんえい」というキャッチフレーズで英語教育に力を入れている自治体なのだ。農家しかないただの田舎だと思ったら大間違いなのである。ということで、海外の女優の起用は願ったりかなったりである。

そうして台湾の女優の話から、一気に話は盛り上がっていった。倉本監督は一見、おとなしそうに見えてなかなか芯のある人物だなあと、私の頭の中で、初対面の印象からだいぶ変化していったのだった。

私は、倉本監督と田中プロデューサーに、「福島で映画を撮ることに心理的な抵抗はないかい？」とそれとなく聞いてみた。

「福島だからどうということはまったくないですね。だって村の人たちはふつうに生活しているんですよね？　それよりも村の人たちに協力してもらえるかどうか。そっちのほうが僕らには問題なんですよ」

「福島には今、夢と希望が必要なんだ。村の人たちだってきっと喜んで協力してくれるにちがいない。こりゃ、テレビにドキュメントしてもらう話をもちかけてみるとするか」

と、私も意気揚々、前途洋々なのである。

こうして第1回神田小川町オフィス会議では、バタバタと具体的なことが決まって行ったのである。

世界の舞台をめざせ！

再び神田小川町オフィス会議が開催されたのは、その2週間ほど後のことだ。第2回会議も同じメンバーで開催され、かなり具体的な話が展開された。

その頃、県もようやく予算確保をほぼ確実にしていた。そのせいか高田課長の顔つきも心なしか引き締まってきたようだ。それはそうだろう。もし予算が正式に決まれば、この映画の事業は高田課長責任下の仕事となる。成否が高田課長の評価にそのまま繋がるのだから、たとえ前例のない映画づくりとは言え、これはもう他人事ではないのだ。いよいよ引き返せないところまできたのだ。

そこで気になるのが脚本の内容である。いったいどんな物語になるのだろうか。みんなが倉本監督に注目した。

「えーっと、まずですねえ、女の人の幽霊……が出てきます」

一同、ぽかんとなった。特に何かを期待していたわけではないが、だれにとっても想定外のシナリオである。

「ユウレイですか……」と、思わず高田課長がつぶやいた。

「はい。昔、湖で身を投げた女性なんですけどね、その幽霊が物語の真ん中にいるんですね。そしてその女性を死なせてしまったのは自分のせいだと思っている男性がいるんです。しかし、その男性には幽霊の女性は見えません」

「うん、ユウレイだからね」と私が漏らす。

「ところが、たまたま台湾からきた留学生の女の子だけは、その幽霊の女性の姿が見えるんです」

「見えるのか！」

「ええ、見えるんです。反対に、幽霊の女の子は、中国語がわかるんですよねぇ。そういうところから、見える、見えない、通じる、通じない、といったことを、テーマに人間模様を描きたいんですよねぇ」

と言って、自分で作成した人物の相関図を拡げながら話した。

「あの、いいですか？　内容に口出しするわけじゃないんですけど、村のイメージが悪くなるのだけはやめてくださいね。殺人事件などはちょっとやめてくださいね」

思いつめたように高田課長が言う。

「ええ、わかってます。そこは了解しています。幽霊と言ってもですね、オドロオドロしいものではないんですよぉ」

「オドロオドロしくないって言っても、ユウレイはユウレイなんでしょうから……」

このまま倉本監督のふんわりミステリアスなペースで会議を回すわけにもいかない。ここはひとつ私からも確かめておかなくてはならない。

「前にも言ったとおり、政治・宗教、エロ・グロ・ナンセンスはダメだからね。地元の人たちを悲しませてはいかん。そこは頼むよ、監督。そして高田さん、今回は若いもんに自由にやってもらのがもう一つの肝だから、どうか内容に関する〝束縛〟は一切なしということで、そこはお願いしますね」

「ええ、内容に関する注文は一切ないんです。ただユウレイって……」

と、どう見ても内容に引っかかっている。

「ところで、台湾の女優さんはどうなっている？」と、ここで私はキャスティングに水を向けた。

「ほぼ承諾はもらってます。本人も日本で仕事をしたいというので、乗り気のようです。ただ、それもシナリオ次第とは言っているのですが、ぜひ出演してもらいたいと思っています」

その台湾の女優とは、姚愛寗（ヤオ・アイニン）さん、愛称ピピ。26歳ながらまだ女子高生にしか見えないような、少女の趣がある、この頃の日本には見かけなくなった清純なタイプの女優なのである。

「それはよかった。台湾の女優が出てくれるなら、台湾でも上映してもらうように掛合ってみますかな」

「それはいいですね。台湾で日本映画ブームが起きてますから、検討してもらいたいです」

田中プロデューサーも乗り気だ。

「あ。そういえば、この作品は海外の映画祭にも出品しようと思っているんですよ」

と、倉本監督がまた、意表を突く案を持ち出した。

「それはいい！　ぜひ挑戦してほしい」

ニューヨークだ、世界だ、最先端映像だといっても、私に根拠があったわけじゃなかったが、海外の映画祭で上映されれば、世界の映画関係者や映像のプロが目にするではないか。

「そうか、福島は若者たちが映像を作っているんだ、作品を作っているんだ、フクシマはアートの町なんだ」

というイメージを持ってもらえる。

「もしも優秀賞を受賞することにでもなったら、世界に配信されることも間違いなしだ。その受賞作が福島県の事業だということになれば、きっと話題にもなるし、福島の取り組みも評価されるというもんだ。これで全部、うまくいくというわけだ」

大風呂敷はどこまでも広がっていく。

「ところで宿のほうはどうでしょうか? ぜひともですね、タダでスタッフや俳優陣が泊まれる場所は確保してもらいたいんですよ。そこ、かなり重要なんです。もう一つ、機材を運ぶトラックをタダで貸してもらいたいんですよね。それから村の人たちがタダでエキストラに協力してくれそうでしょうか」

今度は田中プロデューサーが矢継ぎ早に、タダで提供してもらえるものを、ぐいぐい、どんどんと話を探し始めるのだ。

幸いにして天栄村は、温泉地が4つもあるので、そのうちのどれかを利用できるのではないか。そのあたりは村に掛け合ってみましょうということになった。

「今度は沼田さんにご相談なんですが」

田中プロデューサーの目が、私のほうに向けられ、ぎくりとした。

「もしも仮にですよ。仮に、動いてみたら1000万円から足が出てしまう、ということも予想されます。ですからなるべく協賛はとってもおきたいと思うんですよね。どこか企業とかあたってもらえますか。あるいは沼田さんから協賛をどかんといただけるのでも大歓迎なんですが……」

「協賛をもらえそうなところなら、いくつか心当たりもなくはないので、いざとなれば何とかするよ。ない時はなんとか手を考えるから」

「わかりました。どうぞよろしくお願いします」

という田中プロデューサーの目は、約束だからな、という迫力がギラギラとみなぎっている。

そのころ私は、復興庁、総務省、農水省などにも何か協力をしてくれるようにと、頼んでいた。

カネは出してくれなくても、政府が協力してくれることで、できることはたくさん増える。そして実際、総務省はカメラを無償で借りられるように知恵を出してくれている。

カネはないけど、動いていれば、何かと揃っていくものなのである。

田中プロデューサーは「タダで借りられるならなんでもいいんだ」と言いたげに、目を輝かせて頷いている。

「ちょっといいですか？　これからは何度も村に足を運ぶことになるということですよ

ね？」

高田課長が村との調整を前提に、今後の動きについて確認する。

「脚本家にはもう動き出してもらっているので、早く村に連れて行って、物語の細かい部分を詰めたいです。できれば今月中にいきたい。その時には、田中プロデューサーにも場所を確認しておいてもらいたいと思っています」

倉本監督は、ですよね、といった感じでプロデューサーに目をやると、田中プロデューサーも、タダにしてもらいたいものが一杯あるからな、という感じで頷いた。

「わかりました。さっそく手配しましょう」

と高田課長が、何やらタブロイド端末をせわしなく確認し始めた。

「それでは、世界の舞台を目指して、頑張りましょう！」と私が宣言して、第2回神田小川町オフィス会議は無事に終了したのであった。

シナリオハンティング

第2回神田小川町オフィス会議から2週間ほどして、会議メンバー全員と新たに今回の脚本を担当する脚本家の女性とで天栄村を訪れることになった。あと数日でクリスマスという、12月22日のことである。天栄村には本格的な冬が訪れようとしていた。

今回は、脚本家が脚本を書くにあたって、舞台となる場所を確かめてもらうための下見、業界用語でいうシナリオハンティングである。

脚本家は、狗飼恭子さんという女性である。17歳で小説家としてデビューして以来、一貫して恋愛を描き続けている作家で、小説だけでなく映画の脚本も手掛けてきた実力派なのだ。倉本監督は、今回の映画はどうしても狗飼さんにお願いしたかったのだと言って、みんなに紹介してくれた。

田んぼと畑と山々が続く村で、いよいよ壮大なラブストーリーが描かれるというわけだ。なぜ、天栄村で恋愛映画なのか……と関係者は誰もが思っていただろうが、誰もそんなことはおくびにも出さないのである。

朝早い新幹線に乗り込み、天栄村役場についたのは午前10時。県の高田さんは、すでに村役場に到着していた。

それからしばし添田村長と短い懇談をした。

高田課長はそこで、「おおむね予算も決まりそうです。まだ決まったわけじゃないんですけど」という報告をした。これはもう、近藤部長と高田課長の粘り強い努力の賜物だ。

その時、添田村長から意外な提案があった。

「この村の出身で、大活躍中の俳優さんがいるんですよ。私、そのお父さんとは懇意にしていましてね。映画が実現した暁には、ぜひその人を起用してください」

その俳優さんとは、テレビや舞台で活躍している演技派の俳優、和田聰宏（そうこう）さんのことだった。

「それだけでも村民たちは随分、喜ぶと思いますから」と強い要望があった。

「和田さんのことは制作実行委員会から聞いています。いい役者さんだと前から思っていました。和田さんの了解が得られればぜひ、お願いしたいと思っています。もう、和田さんの役はだいたい想定しているんです」と、倉本監督がきっぱりと答える。

反対に監督の方からも、一つ報告があった。

「まだわかりませんが、主役の女性は台湾の女優にしたいと思っているんです。セリフも中国語で行こうかと。ところでこの村には、海外の人が留学で来るようなことはあるでしょうか」

そう聞くと、村役場の星さんが、

「学校に確認してみないとわかりませんが、交換留学生の制度はあると思います」

と答えた。

「そうですか！　だとすると、村の人にとって特に違和感のある設定というわけではないということですね」

監督と、狗飼さんが目を見合わせて頷いている。

「台湾から女優さんがこの村に来てくれるんですか。それは有り難いですね。この村は国際交流や子どもたちの英語教育に力を入れているのです。海を渡ってこの村で生活をしてくれる物語なら、村が目指す方向とピッタリですな」

添田村長はやっぱりこの日もハツラツとしている。

そういえば、この日の倉本監督は、前回の訪問時とは打って変わってシャキッとしており、見違えるばかりである。

やはり本人としても、前回は心の中で怪しんでいたのだ。こうしてことが始まると監督の顔つきに変わるのだなあと感心していた。

何かというと今どきの若者はだらしがないとか、責任感がないという年配は多い。だが、たいていの場合、若い人にしっかりと任せきれていないことが原因である。どこかで若者を信頼していないのだ。若い人はオトナのそういう態度を見透かしているから、態度もいい加減になる。オトナが若者を信頼し、自由にやってよいのだと背中を押してやれば、頼もしく働き始めるものなのである。

もちろん若い人は経験がない分、間違う。間違ったときはオトナがフォローしてやればよい。若い人たちにとってはその間違いも、よい経験となる。大事なことは若者たちが存分に力を発揮できる土壌を、オトナが作ってやることなのだ。どうだ、今回の倉本監督は、危なげなく、みていられるではないか。

添田村長との懇談を終えると、さっそく天栄村のロケ候補地巡りに出かけた。

この日、見学を予定しているのは、レジーナの森、ブリティッシュヒルズ、羽鳥湖、道の駅、そしてスタッフの宿泊場所候補となる温泉宿や県が有する施設など8か所。

それぞれを足早に見て回る。倉本監督と狗飼さんは、学校に行くと、「教室はこのまま生徒の私物もある状態で使わせてもらえますか?」「村の人に、エキストラになってもらえますか?」と、監督が県や村役場の担当者に確認している。

温泉地の宿に行けば、田中プロデューサーが「ここで何人泊まれますか?」「ここから学校までは移動にどれくらい時間がかかりますか?」と確認している。

「こちらは他にどんなことを準備すればいいんでしょうかねぇ」

反対に、地元商工会が主宰するふるさと子ども夢学校推進協議会の稲川さんが尋ねると、

「具体的なことはこれからですが、ロケに使用させていただくお店や施設、学校などの許可やエキストラを集めていただいたりと、そんなふうなことを、あくまでタダでお願いすることになると思います」

と田中プロデューサーがはきはきと答えながら、タダの算段をつけていくのである。とにかくこの人は、なんでもかんでもタダじゃないとダメなんですからね、という感じである。

そして昼過ぎに、松崎酒造に到着した。前にも言った通り、ここは商工会長を務める松崎さんが営む、地元に124年以上も続く酒蔵である。

どうやら狗飼さんと倉本監督は、ここを物語の舞台の中心に考えている様子なのだ。

それだけに着いた途端、制作陣の施設を見るまなざしも鋭さを増している。

ここではもちろん松崎会長自らが蔵の中を案内してくれた。狗飼さんは松崎会長から、酒造りの流れを熱心にメモしながら聞いている。酒造りの季節感、仕込蔵の様子や、つくりの期間中の動きなどについて入念にメモをとっている。

仕込蔵には、外から納豆菌など他の菌が入らないように気を付けていることや、そのためにつくりの期間、杜氏は納豆を食べないことなどを入念に聞き出しているのだった。

また松崎会長に30代の息子さんがいて、実はその息子さんが手掛けた酒が平成23年から26年まで、全国新酒鑑評会で金賞を受賞していることなども聞き取っていた。

狗飼さんは松崎会長から勧められた「廣戸川」を、じっくり味わいながら飲んでいたのだった。

「ここで撮影するっていうことなら、綺麗に片づけなきゃいけないんですよね」

と、松崎会長が尋ねる。

「いいえ、そういうのは、こちらでなるべくやりますから」

「でも、やっぱり今のままってわけにもいかないでしょう？」

「まあ、でも、できる範囲で整理してもらえばそれで構いませんから」

「いやー、でも……」と、松崎会長はすでに今から緊張している様子だった。

そうこうしているうちに、夕刻に近づき、そのまま新白河駅へと向かったのである。

帰りの新幹線では、狗飼さんを囲んで倉本監督と田中プロデューサーと3人で、物語の構成を細かく打ち合わせをしている。

狗飼さんは東京についたら、さっそく脚本の執筆にかかるという。

いやはや、とうとう本当に動き出したのだ。

ありがてえなあ。自然とその思いが胸に沁みてくるのであった。

天栄村出身の人気俳優が動いた

２０１６年が明け、正月を過ぎた頃、福島県の高田課長から主要メンバーに「映画の事業が予算案に組み込まれ、あとは議会の承認を得るばかりになった。この段階までくると予算を確保できることはほぼ確実になったと思っていい」という朗報が入ってきた。気が引き締まる思いがした。いよいよこの映画づくりは、高田課長にとっても仕事になってしまったのだ。まさか県の職員でありながら、映画作りが自分の仕事になるとは思ってもみなかっただろうなあ。

私の投げた小さな石の波紋は、いよいよ県の取り組みへと広がった。こうなれば、私自身も若い人たちの活躍の場を、捨て石になってお膳立てしていこうじゃないかと新年早々から気合も入る。

11日には、早くも狗飼さんから脚本の第一稿が上がってきた。それを倉本監督と田中プロデューサーが確認し、多少の修正が加えられて、県や村、そして私のもとに届いたのは18日のことだった。

その物語の概要は台湾のヤオ・アイニンさんのもとにも送られた。

後日、ヤオ・アイニンさんの所属事務所から「ぜひやりたい」という本人の意思が伝えられた。

その頃、天栄村出身の人気俳優、和田さんのもとには、和田さんの父親から「おまえ、出ろ」と、夜な夜な電話が入っていたらしい。和田さん本人としても、ふるさとの村を舞台にした映画にはぜひ出たいと思ってくれていたようだ。しかしいくら舞台が出身地だろうと、村が取り組む事業だろうと、ことは仕事の話であるから、親から頼まれたからといって、はいわかりました、とは言えないのだと説明していたという。

「オヤジ、親戚の結婚のスピーチじゃないんだから、親から頼まれても受けられないんだよ。仕事として正式に事務所を通してくれないとダメなんだ」

と説得しても、そのあたりのことは父親にわかるはずもない。

和田さんのお父様は、地元では有機栽培の稲作の名人として知られている方である。この父親の作るお米はおいしいと評判で、地元産の「天栄米」が9年連続で「米・食味分析鑑定コンクール国際大会総合部門」で金賞を受賞するうえで貢献してきた、稲作のレジェンドなのである。

脚本が仕上がってからというもの、倉本監督と田中プロデューサーの動きは慌ただしくなった。まずはキャスティングを固めなければならない。幸いヤオ・アイニンさんはほぼ決まったが、今回の脚本は群像劇である。

その土地で繋がりを持つ人たちのそれぞれの人生が描かれ、複雑にからまっていく様を描く内容だけに、役者には演技力が求められる。

だから監督としては、演技力のある実力派の俳優陣で固めたいという意向が強かった。一方で田中プロデューサーはその監督の意向を汲みつつも、1000万円という低予算で賄えるギャランティで引き受けてもらえそうな出演者を探し出し、ギャラ交渉を進めていかなければならない。

同時にやると決まれば事業主体である県、つまりは高田課長とまたがっちりと話し合い調整しながら、ロケ場所の算段から移動手段、スタッフ&俳優の宿泊場と、様々な事柄を決めていかなければならない。だからプロデューサーとは、監督とは違った重責なのである。

仕上がってきた脚本をもとに、予算規模を考えた上でできることとできないことを見極め、倉本監督との話し合いのもと、シーンを削ったり、設定を変更する作業を行っていくのである。

撮影を受入れる天栄村も、村の公式事業として取り組む以上は、村民を上げて盛り上げていこうと準備体制に入った。


しばらくして高田課長から倉本監督、田中プロデューサーに要望が入った。仕上がってきた脚本では、女性が羽鳥湖で入水自殺した設定になっていたのだが、

「さすがに村を代表する観光名所で自殺の話はさけてもらえないものでしょうか」

と言うのだ。それはその通りだ。もちろん物語にリアリティを出すには大事な背景なのかもしれないが、さすがにそれは村のイメージにかかわると考えたのだろう。

監督側もその声を、素直に受け入れてくれたのだった。

高田課長はその頃になっても内心、「なんでよりによってユウレイの話なの?」と、やっぱり腑に落ちていないのだ。

私としては「若い人たちの発想は自由だなあ、面白いなあ」と感じていたが、県や村の職員の人たちの間では多少の混乱をきたしたのだろう。

今回の脚本では正体不明の怪しい人物が他にもたくさん出てくるが、県も村も物語の根幹にかかわるような口出しは一切しなかった。

「本音を言えば、村の施設は全部、取り上げてもらいたいんですよね。産品とか村の花

とかお酒とか菓子とかも、地元のものを使ってもらえたらいいなと思っていましたが、口出しするのをぐっとこらえていました」と天栄村の星さんも後で話していた。

『今回の映画は、若い人たちに自由に作ってもらう趣旨です』と、県の人たちにも言われていたので、極力、口は出さないように気を付けてました」

一方、私はというと、いよいよ映画作りが始まるということで、総務省の関係者から、カメラを無償で借りる話を決めなければならなかった。

4K・8Kなど最先端の通信技術の普及を図る総務省の情報流通行政局の知人に連絡をしてみたら、

「福島復興の目的なら、無償提供に協力できます」

と、はっきりと了解を得ることができた。

自分から言い出したことながら、そんな高価なものの無償協力に力を貸してくれるなんて政府もいいところあるじゃないかと、その心意気に私は感心してしまった。総務省には心からお礼を言いつつ、これで自分に課せられた役割の半分は果たせたと、ほっとして実行委員会や監督、プロデューサーに報告しておいた。後の半分は、協賛の募集、つまりは資金の調達だ。そろそろそちらの方も考えなきゃいけない頃だなと、思い始めていた（実はこれがどちらも大変な騒動を巻き起こすのだが、それは後の話――）。

県とプロデューサーのバトル勃発

それから3月あたりにかけて、制作サイドは急ピッチで脚本の見直しやスタッフ体制の確定、それにキャスティングが進められていった。

メインキャストのピピさんことヤオ・アイニンさんは、ほぼ出演を約束してくれており、もう1人のメインキャストである和田聰宏さんには、田中プロデューサーから所属事務所に正式にオファーをかけていた。返事待ちの状態だがおおむね大丈夫だという返答がきていた。

3月に入ると、いよいよ動きも慌ただしくなってきた。

撮影スケジュールも次第に固まってきた。ゴールデンウィークが終わり、人が少なくなったころを見計らって撮影を行う予定。それに合わせてスタッフや俳優、そして村の受入れ体制などを調整していた。

一方、映画制作実行委員会の設立は少し遅れそうな気配が漂っていた。

実行委員会は県からいただく予算の受け皿である。その設立が遅れると、資金の受け取りもその分、遅れる。さらにいうと協賛金の募集もできない。

そこでお金の話になると、このオトコが黙っちゃいない。そう、田中プロデューサーである。

「県からはいつになったらお金が振り込んでもらえるのか。どういう形で振り込まれるのか」と、ただでさえ年度末の忙しい高田課長のもとに、連日のように電話が入った。

県としては制作実行委員会の立ち上げが前提条件であり、その実行委員会の名義で作られた銀行口座に振り込む形しか取れないのである。

なおかつこの映画事業を県が行うに当たっては、各種契約を締結しなければならない。ところが、その契約書を交わせるのは、議会が予算案を議決した後、新年度に入ってからということになる。3月下旬にならないと議会は議決できないので、契約はできないというわけだ。どんなに実行委員会の立ち上げを急いでも、設立が決まり、口座を作ることができるには4月の半ばを待たなければならない。

一方で制作部隊はフルスピードで動き出している。撮影スタッフや役者が決まりはじめ、ギャラの交渉やら撮影期間の調整ほか機材の確保に走っているプロデューサー田中は、何かを調達しようとするたびに、発注先からは支払いについて尋ねられるのだ。彼にしてもお金のことを問われると、結局のところ高田課長と話をするしかないので、毎日のように連絡をしてしまう……と、どちらも自分の役割に責任をもって動いている結果なのだ。が、そこには必然的に温度差が生じる。

そうでなくても議会で忙しい高田課長のもとに、

「俳優の宿泊なんですけどね、できれば温泉がある宿にしてあげたいんですけど」

「スタッフの宿もなんとか風呂付の宿に変えてもらいたいんですよね」

「昼食もタダで提供してもらえませんかね」

などと、まるで自分が宴会部長にでもなったかのようなお願いや確認が入ってくる。

とうとう温厚な高田課長も、

「それは村と直接話してもらえませんか！」

と声を荒げるような事態に陥っていったそうだ。そうだ、と他人事のように言ってしまうのは、当時、リアルタイムで私の耳には入ってきておらず、あとで2人からそのことを聞かされたからである。

「勝手にやってくれ！」

と高田課長が電話を切ったことも一度や二度ではなかったというから、すさまじいやり取りがあったことがうかがえるのである。

そんな風に言っている私がぼーっとしていたかと思うのは大間違いである。私もまた嵐に巻き込まれていた。

時間は少し戻るが、私だって白河駅会議の後、馬車馬のように走り出していたのだ。私の役割は、撮影用のカメラの調達と協賛金集めである。

カメラについては半年前から総務省の友人に「どこか無償協力をしてくれるところはないか」と相談していた。その人から、4K・8Kを推進する業界団体のネクストTVフォーラムから、無償貸し出しに協力してもらえそうだと聞かされていたので、後は実務的に話を進めればよいとたかをくくっていた。

しかし、実際に話を進めると、ことはそれほど単純ではなかった。

無償で全て調達できると思っていたが、どうやら一部の機材は有償になるというのである。「大丈夫ですか」と知人が確認してきたのだ。

メインのカメラではなく、その周辺の機材なら、金額もたかがしれているだろうから、協賛金でまかなえるはずだと踏んで、進めてもらうことにした。

まずは機材ごとに有償か無償か、有償の場合はレンタル料がいくらなのかがわかるようなリストをもらうことになった。

しばらくして、総務省経由で、リストが送られてきたので、それを倉本監督に転送し、必要機材として十分かどうかチェックを頼んだ。

その矢先のことだ。総務省から「ネクストTVフォーラムが来年4月に合併して、新法人になる。レンタルの業務がどうなるかは新法人でないとわからない」との、メールが飛び込んできた。

ちょっと待てよ。来年4月というと、撮影時期と重なるではないか。となると、安く借りるには、今から合併当事者の両法人に行って事情を話し、協力してもらわなければならない。そういうことは人に頼めないので、自分で行くしかないか……。

「面倒なことになったな」とため息をついていたのである。

その後、さらに提供してもらえるリストが届いたので、倉本監督に転送したら、彼から電話がかかってきた。

「あの、すみません、無償で貸してくれるというカメラなんですけど、あれ、画質の問題で使えないんですよ」

というのだ。おかしいなと思って、総務省にその話をしに行くと、

「そうですか……。放送用だからですかね」と、担当者が言うではないか。

その場で倉本監督に電話を入れた。

「放送用カメラでは映画は撮れないの」と聞くと、

「放送用では無理ですよ。画質が違いますから」

という。私は、声を失った。

この半年間は何だったのだ。これまでのことが、走馬燈を見るように思い出された。

「4K、福島、国際発信」と力説し、忙しい3人の審議官や課長たちを振り回した結果が、このざまだ。

ところが、私からの要請に力を貸してくれた人たちは「役に立てなくて申し訳ない」と言ってくれるのだ。誰一人として非難したり、文句を言う人はいない。私はかえってつらくなってしまった。骨を折ってくださった総務省の関係者には一人ひとり訪ねてお礼とお詫びを言いに行ったのである。

そこでの帰り間際に、「どこかに映画用カメラねーかな。知らない？」と尋ねたら、

「知りませんよ！」とみんながげらげら笑う。

「だって、われわれ総務省は放送行政です。映画の所管は経済産業省ですから。沼田さん、よくご存知でしょ？」

「ちげーねぇ」

そう一言残して総務省を後にしたのだった。

それからというもの、腹に力の入らない日々が続いた。腹筋が弛緩した状態になると頭が垂れ、下向き加減の姿勢になる。何とも元気が出ない。

こんなときは、何もしないに限る。無理は禁物なのだ。

だが、馬鹿のいいところは、何ごとにも記憶能力が弱いというところである。時間がたてば失敗の記憶が薄れる。心の傷も癒える。案の定、心の痛手も何日かで薄れてくるから不思議だ。

4

動き出したら止まらない

カメラをどうにかしなければ！

2月に入って、私はおもむろに携帯電話を手に取り、秋山正樹さんという人物に電話を入れた。秋山さんはパナソニックの取締役だった人で、数年前に退職し、今は同社の終身客員として、悠々自適の生活を送っていると聞いていた。

秋山さんとは二十数年前、郵政省（現総務省）の音頭で大手通信会社、メーカーと一緒にPHS（簡易携帯電話）を中国に売り込む仕事でご一緒し、以来二十数年、公私にわたっておつきあいいただいている大先輩である。

「都心においでの時に、お目にかかりたいのですが、お時間を頂けませんか」というと、すぐに時間を作ってくださり、新宿の喫茶店で会うことになった。

秋山さんには福島での映画の件に関してこれまでに何回となく話をし、放送用と映画用のカメラの違いを知らず、大ドジを踏んだ経緯も伝えていた。いつも面白がって聞いていただけていたので、今さら事細かに説明する必要はない。

「例の福島の映画の件なのですが、カネが足りないんです。そこでパナソニックの映画用の4Kカメラを無償で2週間ほど借りたいのです。お力を貸していただけませんか」

そう短刀直入に切り出した。すると秋山さんはしばらく黙り込んで考え込むようなしぐさを見せた。そしておもむろに、

「カメラを貸す権限があり、頼める男が3人いるな」と言った。

「資料を作ってメールで送ってちょうだい。すぐに大阪に送るから」

こちらに説明を求めることもなく、条件を出すこともなく、ただ、それだけ言って話は終わり。後は世間話とゴルフの話で盛り上がり、店を出る時にはお茶代まで払ってくれたのだった。

それから一週間ほどたってから、秋山さんから電話が来た。

「貸してくれるってさ。メールで連絡が行くようにしておいたから、後は担当者と上手く調整してよ」

この言葉で、一瞬にして私の暗雲が晴れた。

これで撮影機材問題は一件落着。その日のビールは実にうまかった。

福島を応援したいというと、みなさんが支援してくれるんだなあと感心してしまった。

それから二日ほどたって再び秋山さんから電話が入った。

「沼田君、うちの息子を知っているよね（パナソニック映像株式会社勤務の専門家）。彼に君と映画用4Kカメラの『ＶＡＲＩＣＡＭ３５』の貸し出しの話しをしたら、ちょっと心配なことがあるというんだ」

「いったいそれは何でしょうか？」

「あのカメラは、どうも撮影後の編集が大変なんだって。その処理をする体制はあるのかを確認した方がいいと言われてね」

私はドキッとした。

「すぐ確認します」と電話を切り、早急に倉本監督に電話を入れた。倉本監督は、

「知り合いのスタジオがありますので編集は大丈夫です」とのこと。

ほっとして秋山さんにその旨を報告しておいた。

するとすぐにまたまた秋山さんから電話がかかってきた。

「パナソニックから連絡があってね、そのカメラにはレンズが付いていないというんだけど、そこは大丈夫かと聞かれたんだよ。あまり予算がないと聞いていたからちょっと心配して電話したんだ」

「え？　カメラなのにレンズがないんですか」

「ないんだってさ。しかもね、カメラよりレンズの方がずっと高いんだって」

「わかりました。それでも結構ですので、お借りできるようお願いします」

と電話を切った。

そして私から倉本監督にまた電話を入れて確認。

「レンズは友だちが持っていますから、貸してもらえると思います」

というので、ようやく安堵したのだった。

カメラを調達するだけで、こんなにも大変なのかとこの先を案じていたら、やはり、数日後、倉本監督から連絡がきた。

「カメラとレンズのコネクター部分の口径が微妙に合わないんです。やっぱりレンズは別途借りないとダメみたいです」

またしても暗礁に乗り上げたのである。聞くところによると、レンズを借りるには、日数にもよるが数十万円は覚悟しなければいけないらしい。

いよいよカネの調達を急がなければならない事態に追い込まれたのだった。

消費税分の補てん騒動

4月に入ると、いよいよ動きが慌ただしくなってきた。

「天栄村映画制作実行委員会」の立ち上げを控え、事業の中身を明確にし、県と村と制作サイドの役割を決める作業が始まっていた。

プロデューサーの田中さんは、以前から2月には立ち上げてほしいと希望していた。だが、県や村などと意見調整をしている間にずるずると延びてしまったのだ。

「映画制作実行委員会」とは、映画作品の制作から公開、配給、権利関係の管理までの一切を取り仕切る組織のこと。今回の映画作りは県が予算を出して取り組む事業ではあるが、実際の現場を取り仕切るのは村である。村が主体となり、そこに県と映画制作の専門会社や協賛会社等がみんなでスクラムを組むように、一つの組織を作るのである。この映画に全面的に協賛してくれる団体や個人がいれば、この制作実行委員会に加入してもらうのだ。地方での映画作りが行われる際は、ほとんど制作実行委員会が設置される。

今回の場合、制作実行委員会の実質的な舵取りは天栄村、そして天栄村商工会が担うことになる。制作主体である実行委員会には当然ながら県も名を連ねるが、その組織を管理監督するのも、今回の場合は県である。なかなかに複雑な組織編成だ。

この制作実行委員会には、映画に関わるすべてのお金の受け皿になるという重要な役割がある。県からいただく予算のほか、これから募集する協賛金などの資金はこの組織で一括管理することになる。

ちょうどその頃、田中さんから、少し焦った口調で電話が来た。契約に関する相談だ。県からようやく契約書が送られてきたのはいいが、この内容がさっぱりわからないという。

「今までに見たこともない契約書で、さっぱり書いてあることがわからないんですよ。なんだかこれは、野菜の栽培や販売の許可でも受けているような、そんな感じの契約書なんですよね。知り合いの弁護士に内容を見てもらおうかと思うんですが、どうでしょうか」

この人にしては珍しく、悲鳴を上げている。

「見てもらうのは問題ないけどね、これ以上、制作実行委員会の発足が延びたら、いろいろと滞ってしまうんじゃないか」

と私が言うと、そうですよね、それも含めて考えてみますと、田中さんは不安げな声なのである。

「もう一つ問題があります」

次は何？　私の胸に暗雲が垂れ込めた。

「県から消費税分がもらえないみたいなんですよ」

「なに、それどういうことだ？」

「通例、こちらから請求書を作成する場合、1000万円の請求なら80万円の消費税を乗せて請求するわけで、今回もそうしたいと思っていたんですけど、高田さんは予算が1000万円であれば、1000万円しか払わないのは当然だっていうんですよ！」

なんだかしらないが、プロデューサー田中さんと県の高田課長のバトルがさらに激化しているようだ。

「でもですね、それだと制作サイドが使えるお金は、実質的には80万円が減額されたのと同じなんですよ。これはですね、これは、とても痛いことなんですよ！　この足りない部分は、申し訳ないのですけど、沼田さんになんとかお願いできないでしょうか」

「なんだって？」

「だって沼田さん、この前言ってたじゃないですか、お金のことは何とかするって」

「いや、そうは言ったよ……」

「なんとかお願いします。僕もどこか協賛がもらえる話があれば、どこにでも飛んでいきますから」

「うーん、わかった、わかった。とにかくその、消費税分はなんとかするから」

「それともう一つ相談があるんですけど……」

「次はなんだ！」

と思わず声を荒げてしまった。

「今の予算規模だと台湾ロケの経費が出ません。僕は、台湾ロケは諦めようと言っているんですが、監督はそこを外すと話自体が変わるからなんとしてもやりたいと言っているんです。これ、なんとかなりませんか？」

やっぱりお金にまつわる話なのだ。

「台湾ロケは何としてもやってもらわないといけないよ。なんたってこの映画は日台友好の懸け橋でもあるんだから。さっきも言ったけど、お金のことは私が何とかする。その代わり、なるべく切り詰めてやってもらわないと困るよ」

「わかりました！　4、5人でさっと行けるように考えてみます。ということで脚本も台湾ロケを含める形で完成させますね。ただ、それでもちょっと足が出そうです。そろそろ大口協賛のほう、ぜひともよろしくお願いします」

「うん、うん、わかった。制作実行委員会が立ち上がったら、とにかくお金のことはなんとかするから、そちらはいい作品に仕上げることに専念してください」

「了解しました！」

プロデューサー田中さんは、すっきりとした声で電話を切った。反対に私の心はずしりと重くなった。これだけ田中さんが「タダタダ攻撃」を繰り出しても、お金って足りなくなるものなのか。

この会話中に、また一つ胃に穴が開いたような気がしていた。

人生で初めての経験

いや、まいった。次から次へとお金の問題が出てくるではないか。

想定外だったカメラのレンズ代も、調べてみると案外高い。プロデューサー田中さんから言われた台湾ロケの経費と、消費税分の補てん分と、カメラのレンズのレンタル代をすべて含めると、ざっと200万円ほど足りない計算になるではないか！

おいおい。さすがにちょっとこれは、まずいんじゃないか？　さすがに焦り始めた。

しかしだな、カネがないならないで、なんとかやりようがあるはずだ。

実は、撮影用機材調達と協賛金集めの準備は並行して進めていた。年が明けてすぐに日本たばこ産業の丹呉泰健会長を訪ね、協賛金をお願いしていたのだ。

その時、丹呉さんは「映画には協力できないな……」と、言いつつも前向きに相談にのってくれていたのだ。

「今回の事業は、人材養成事業にはなるんですか？」

「もちろんそうです。監督は20代ですし、同年代の子たちが将来の夢のため、福島に貢献しながら腕を磨きたいと言っているのですから」

「それなら、人材養成事業として協力できると思います。さっそく内部で検討してみましょう。事業主体と振込先など具体的な情報を知らせてください」と、実に嬉しい一言をいただいたのである。

何日後かに社会貢献事業の担当者から連絡をもらい、打ち合わせにうかがったところ、「会長から聞いていますよ」と、快く協賛の内諾をいただいた。ことは成ったようなものだ。直ちに事務所に戻り、簡単な書類をまとめて丹呉会長にメールで送っておいた。

ところが、その先が進まない。資金の振込先に予定している天栄村の制作実行委員会がなかなか立ち上がらないのだ。

せっかく協賛金を提供してくれる人もいるというのに、タイミングを逸してしまう。気分はジリジリとじれる。

そこで県に連絡を入れて、早く実行委員会を立ち上げてよと尻を叩くのだが、

「わかってます、わかってます」と高田課長は言うばかりである。

立ち上がらないのは予算の正式承認時期との関係だろうと理解はできるのだが、こっ

ちはそうはいかない。もう制作部隊は動き出しているし、調達すべきものが次々に出てきている。行政と民間とのスピード感覚の溝は、いかんとも埋めがたいものがある。

こんな調子で日本たばこ産業との協賛金額、払い込み時期の話し合いは、実行委員会設立まで待機を余儀なくされていた。予算からさっ引かれる消費税分の穴（80万円）、いくらになるかわからない高級レンズのレンタル料。その調達に奔ろうにも、振込先が決まらなくては動きようがない。

一方、田中プロデューサーからは、連日のように、制作部隊の作業報告が入ってくる。当初2週間、14日で組んでいた撮影日程を10日に圧縮しなくてはならなくなってきたという。スタッフの昼の弁当代まで切り詰め、切れるところはバサバサと切っていくという、凄まじい状態になっていることが伝わってくる。それでもとにかく協賛金の受け皿がないことには動き出せもせず、じれるばかりである。

4月の花見シーズンには、千鳥ヶ淵もしくは上野寛永寺から谷中にかけての桜並木を親友2人と夜桜見物に出かけ、その後一杯やるのが二十数年来の私の恒例行事なのだが、この時ばかりは行く気にならなかった。そんな気分にはとてもなれない。街の桜などまるで目に入らない。存外、精神力がひ弱なのだなあという自覚が、また気分を重くする。

そして忘れもしない4月15日、ようやく「天栄村映画制作実行委員会」が発足した。

銀行口座が開設され、協賛依頼・中込書ができたのだ。

ここで手をこまねいていたら5月に入ってしまう。ゴールデン・ウィークになれば企業は長い休暇期間になるのだから、動ける時間は4月中のあと2週間しかない。すぐに戦闘開始である。頭にはもう協賛金のことしかなかった。とにかく突っ走るのみだ。

悠長に事前アポイントなど取っている時間はなかったから、いきなり訪ねて頼むか、電話で頼もうと腹を括った。

まずパナソニックの秋山さんに「知り合いに協力していただけそうなところがあったら紹介して下さい」と頼んだ。すると「おまえ、俺には頼まないのか」と睨まれた。

「え？　いいんですか。カメラであれだけ世話になったので心苦しいものですから……」

「俺も、乗るに決まってるだろう！」

そう言ってくれた時は本当に嬉しかった。

その後、秋山さんの口利きで急速に協賛の輪が広がっていく。小籏株式会社の内山元嗣社長と清野富男取締役管理部長、そして地元の会津電力の副社長、山田純さんをご紹介いただき、すぐに協賛金を振り込んでくれた。

さっそくそれぞれの方にお礼の電話を入れたところ、清野さんから「沼田さん、問い合わせ電話番号が間違っているよ。通じないんだよ。これ、市外局番は042じゃなくて福島は024、俺は地元だからすぐわかったけどね」

と指摘されたのである。おいおい勘弁してくれよ、せっかく口座ができたのに、問い合わせ先が間違っていたのでは台無しではないか。すぐに田中プロデューサーに電話を入れて伝えると、

「すみませんでした。さっそく直します。ご指摘ありがとうございます！」

田中プロデューサーは平謝りで、すぐ訂正版づくりに着手するとのこと。

「かんべんしてくれよ、もう30枚も出しちゃったぞ」

私は、すでにチラシを配ってしまっていた方々にお詫びと訂正の連絡を入れたのだった。

しかし現金なもので、動きだしてみると動きに弾みがついて来る。そこからは三菱マテリアルの取締役特別顧問をしている加藤敏則さんと執行役員総務部長の島村健司さんを訪ねたほか、医療法人社団せいおう会鶯谷健診センター副理事長の中條克幸さん、澁澤事務所の澁澤寿一さん、デルフィーノケア社社長の宮本貴司さんたちに矢継ぎ早に連絡を入れてみた。どちらからも後日、協賛金を振り込んでいただいたのである。

こうして私は4月15日から下旬にかけて、とにかく頭を下げまくった。おかげで消費

税の補てん分と、レンズのリース料をクリアする算段がついてきたのである。

68年の人生、私は金の前に頭を下げることを潔しとしてこなかった。「武士は食わねど高楊枝」が、いつの間にか美意識のようになっていたのである。両親は大変な思いで育ててくれたが、困窮を感じさせずに大学まで出してくれた。就職は新聞記者。幸いに給料も高かった。肩書きで世渡りせぬよう、自戒してはいたが、それでも「頭が高い」種族になっていたのだろう。だから、年をとった今、恥ずかしながら甲斐性がない。フトコロは寒い。

だが、今回の映画の一件だけは違う。福島の風評被害をなくすために役に立つのであれば、そして若者たちが自由に芸術活動に打ち込める場を作るためならば、こんな頭でよければいくらでも下げてやろうじゃないか、むしろ快感と思えるのだから不思議である。

とはいえ柄にもないことをやっているからか、しくしくと胃が痛むのにはまいった。

村役場から職員の姿が消えた日

制作実行委員会の設立に合わせて、第1回の会議が天栄村で催されると同時に、監督、プロデューサーが村を訪れ、高田課長の立会いの下、再度のロケハンが行われた。メインの撮影場所となる松崎酒造、羽鳥湖などのほか、田んぼや家庭内風景を撮らせてもらう住居、コンビニエンスストア、墓地公園を見て回ったほか、宿泊場所を確認した。

そして、いよいよ5月に入った。ようやく撮影スケジュールも正式に決まってきた。5月の27日から予備日を含めた10日間で行われる。そして、台本の決定稿も仕上がってきた。映画のタイトルは『恋愛奇譚集』。およそ自然豊かな天栄村の情景とは一線を画すタイトルである。だが、装丁がほどこされ活字が載った台本が仕上がってくると、身の引き締まる思いがしてくるのは私ばかりではないはずだ。

懸案だった４Ｋ撮影用カメラは無事、パナソニックが大阪から東京に搬送してくれた。それに合うレンズの手配も済み、あとはプロデューサー田中さんがカメラマンとともにそれぞれを受け取り、入念なテストに入ることとなる。私としては、無事にカメラ調達の役割を果たせたことで一息ついた。

その頃、天栄村では役場や商工会など地元の人たちが、撮影時のスタッフや俳優陣の食事のダンドリや宿泊協力の体制を懸命に整えてくれていた。彼らも、撮影スタッフを受け入れて支援すればいいという気軽な立場ではなく、自分たちの事業として取り組んでいた。

おそらくこの事業の話を村の関係者らが聞いた時の違和感というか「なんで？」という気持ちは、県の高田課長の時とまったく同じであったに違いない。

「県が先頭に立って進める事業だから、地元福島にとって悪いはずはないだろうが、いったい沼田というのは何者なんだ？」

とも心の中で思っていたはずだ。それもそのはず、何の肩書もないただの年寄りが、またなんで県をも動かし、企画者に名を連ねているのかと思っていたに違いない。

県、村、制作陣とが三者三様に不思議な気持ちを抱きつつも、とにかく一本の映画作りをやりとげようという思いでこの事業に挑んでいる。

天栄村もまた、人口減少に苦慮する自治体のひとつである。特に、東日本大震災以降は人口減少のスピードが加速している。将来への危機感は強い。なんといっても原発事故以来、もっとも被害を受けたのは地元の人たちなのだ。

早くから有機栽培に取り組み、上質でおいしい米や野菜を作ってきたというのに、海外では今も「福島産」というだけで輸入制限がかかり、値段は低く抑えられたままだ。

日本の子どもたちに田舎体験をさせてあげたいと始まった「ふるさと夢学校」のプログラムは震災以後、一度も行われていない。開催の話は何度も進んできたものの、最終的には「福島に自分の子どもを行かせたくない」という父兄からの声が上がり、立ち消えになってきた。そのたびに会長の松崎さんや事務局スタッフの稲川さんは悲しい思いをしてきたに違いない。この素晴らしい自然を見てほしい。自分たちが何の不自由なく暮らしている姿を知ってほしいという思いは、村の切なる思いなのである。

それだけに、村の人たちも熱心に動いてくれているのだ。

「村の中に〝いい感じ〟のバス停ってありますかね？」

と監督から問い合わせが入ると、星さんは、

「〝いい感じ〟と言われてもわかりませんから、写真を送ります」

と言って、部下とともにいくつかの班に分かれて、半日かけて撮影に出かけた。後日、

監督のもとには30か所近くある村中のバス停の写真が送られてきたのだ。

「あれ？　今日は役場に人が少ないなあ、と言ったら『村長、何言っているんですか、今日はみんな手分けしてバス停の撮影なんですよ』と、ピシャッと言われましてね。企画政策課の課長まで席から姿を消しているんですから、役場としては異例の事態でしたよ」

後日、そう添田村長も笑っていたほどだ。

それもそのはず、撮影場所に使用する施設や店舗の許可取りから、宿泊先とのダンドリ決め、機材を積んだ車の駐車場の確保、役者の待機場所となる村内集会所等の確保、それに撮影中の交通整理の警備体制などなど、細かいところの手配を地元村役場の関係者たちがすべて背負ってきたのだ。

一方、撮影隊のお昼の食事や夜遅い撮影が行われる際の食事をふるまうために、村商工会の女性たちやボランティアにて協力してくれた方々は、撮影スケジュールに合わせて、メニューを考え、炊き出しのダンドリを整えていった。

「炊き出しは、カレーやうどんがスタッフに喜ばれるというので、その準備をしていったのですが、どうせなら村のおいしいものを食べてもらおうと、みんなでメニューを考えるところから始めました。協力者には栄養士の方もいますので、栄養バランス的にも最適な食事をお出ししようとみんなで知恵を絞り、何度かテストもしました」

ふるさと子ども夢学校スタッフの稲川さんも誇らしく語る。

天栄村名物の地元の米でバンズを作った「天栄バーガー」、二岐のそばと旬の山菜のてんぷら、夜食には「ヤーコンメンチ」などのメニューが用意された。ちなみにそばは、二岐の旦那衆が撮影陣のためだけに、特別にそばを打ってくれることになった。

大きなスポンサーがついた映画撮影なら、ホテルのケータリングが用意されるところかもしれない。だが、それよりも村の産品を駆使した手料理のほうが、はるかに贅沢ではないか。少なくとも私にはそう思える。

村長は村長で、村をあげてのイベントでは恒例となっている、村特産の野菜と肉を使ったバーベキューパーティーを盛大にやりたいと乗り気だった。だが、撮影日程に余裕がなく、倉本監督から辞退されたことを、ことのほか残念そうにしていたのだった。

初夏のかかし騒動

5月の半ばに、天栄村で最後のロケハンが行われた。

この日はいつものメンバーに加え、カメラマンや助監督らも村を訪れ、撮影予定地でカメラの設置場所や役者の動きなどを確認しあっていた。

松崎酒造では、監督、助監督が酒造りのシーンを撮るためのダンドリを、松崎淳一商工会長を交えて行っていた。

「やっぱり蔵や作業場が撮影に使われるとなると、汚いところは見せられない。これから社員総出であっちやこっち、一生懸命片づけます」

松崎会長はそれでなくても酒蔵の経営と商工会の仕事が忙しい身だ。そのうえ映画制作実行委員長にも就任し、村の調整に駆けずり回っている。にもかかわらず映画撮影を控えて気になるのは、蔵の映りなのであった。酒蔵が汚く映ってしまったら末代までの恥だ、といわんばかりなのだ。

このロケハンの時、助監督が、

「かかしを用意してほしい」

と村役場の星さんに要請した。

「何いってんですか、かかしっていうのは秋でしょう。この田植えの時期にかかしはおかしいでしょう」

星さんと松崎会長、そして稲川さんは、そこだけは絶対に譲れねえかんな、といった感じで腕組みをする。

「しかし物語の中では、かかしに重要な意味があるんですよ、ねえ、監督！」

「う、うん」

「でも、田植えの時期にかかしがある村だと思わっちゃら困っちまあなぁ。んだばい？稲川さん！」と星さんが地元の言葉で言うと、

「んだ、んだ！」

と稲川さんも地元なまりで答えるのだ。

「なじょすっぺ？」と商工会長の松崎さんもまたなまるのだ。

しばらくみんなで話していくうち、

「昔使ったかかしが、そのまんま残ってしまっている、というふうにしたら、なんとか成立するんじゃないか」ということで落ち着いた。

「じゃ、それでいきましょう！」と倉本監督。

村の地域おこし協力隊の星崎さんが制作することになって、ようやく話は落ち着いた。

衣装合わせ

翌週に現地での撮影を控えた5月の23日。都内のスタジオでは撮影スタッフが集まり、衣装合わせが行われた。

前日には主演のピピさんほか俳優さんが何パターンかの洋服を合わせており、この日は、和田聰宏さんが酒造りの作業服を着て登場。それを監督やカメラマンがチェックしている。

高田課長も福島から出張でやってきて、朝からことのなりゆきを見ている。

私自身この日、それぞれの俳優さんと初対面で、ピピさんや福田さん、そして和田さんと挨拶を交わした。ピピさんは非常に華奢で、あどけなさの残る、可愛らしい女優さんだ。福田さんはほがらかな明るい女優さんで、非常にフレンドリーである。

和田さんはやっと事務所の許可が下りて、正式に参加することになった。細身できりりとした顔立ちの中に、朴訥としたやさしさが漂う俳優さんだ。

衣装合わせが終わると、メインキャストによるセリフの読み合わせが始まった。

一つのテーブルに和田さんとピピさんこと、ヤオ・アイニンさん、そして幽霊となる山口ユリ役の福田麻由子さんが座り、その横にピピさんの通訳の女性、そして倉本監督と助監督が座る。

そのテーブルを囲むようにパイプ椅子がいくつも並べられ、制作関係者らが席についた。セリフ合わせが始まると、その模様をそれぞれが黙って見つめている。

プロデューサー田中さんも、遠巻きにその模様を見ている。

「それではシーン20、『かかしのいる田んぼ』。ヨーイ、スタート！」

と助監督が言うと、3人の俳優さんが台本を見ながら、本番さながらの口調でセリフを語り始める。体を使った演技こそないが、まるでそのシーンが鮮明に頭の中に浮かんでくる。

ピピさん演ずるヤン・ユーウェンは、台湾から来た18歳の交換留学生という設定だ。彼女のセリフはほとんどが中国語で、日本語は時折、カタコトの単語が混じる程度である。したがって映画では日本語の字幕がつくことになっている。

また福田さんが演じるのは、この映画を特徴づける幽霊の女性、山口ユリの役である。

17年前に突然、姿を消した村の女性という設定だ。今はまさに、幽霊と留学生が初めて出会うシーンのセリフを合わせている。

中国語と日本語が当たり前のように交わされるその場にいて、私はこれこそ世界平和の象徴ではないか！　と密かに感動していた。言葉の垣根を越えて、台湾人と日本人の女性がふつうに会話をしている情景が、この世から国家間のいざこざがなくなる理想の姿に見えたのだ。

私は中国という土地で長らく仕事をしていたから、言葉の壁の大きさを知っている。いや、言葉が問題なのではない。その言葉の背景にある文化、思想、歴史の違いこそが、時に摩擦を生むのだ。

私は中国人と日本人との間に立ち、友好関係を構築するための働きもしてきたが、文化の違いというのはなかなかに埋めがたいものがあることを身をもって知っている。

しかし同じ言葉でも、台湾は親日で知られるお国柄だが、それでもまだ福島産の農産物が規制されている。その国の人気モデルがフクシマの地で行われる日本映画の撮影に、喜んで参加してくれている。この華奢で可愛らしい女優さんの姿を見ながら、この映画が日台友好の絆をさらに深める作品になることを確信していた。

「はい、カット！」と倉本監督が止める。

監督がそれぞれの女優に、脚本の意図などを伝えながら、

「もう少しここはゆっくりでいいです」

などと演出していく。

そうしてどんどんとシーンは進んでいく。

途中、3人の役者と監督が長めに議論をしていたシーンがあった。

それは、和田さんが演じる古川酒造の三代目、古川涼太と、姿の見えないユリとが、湖上に浮かぶ小舟の上で、会話ともつかないやりとりを展開するという難しいシーンだ。

このときのユリの一つのセリフを巡って、互いに意見を交わしている。

どうやら、この映画になぜ幽霊が登場しなければいけないのか、その理由が込められた重要なセリフのようだ。本番では和田さんが不安定なボートに乗って演技をする予定になっているシーンである。ベテランの彼にとっても緊張を強いられるシーンであるように見えた。

高田課長もパイプ椅子に腰かけ、その模様を固唾を飲んで見守っている。

この頃になると、なぜ天栄村で幽霊なのか？　恋愛物語なのか？　という疑問など薄れていた。何より天栄村の関係者が快くそのことを受け入れてくれていたのがうれしかった。

「村のピーアール映像じゃ、誰も見てくれませんよね。私は、恋愛やちょっと不思議な幽霊の話ってとてもいいと思いました。たくさんの人に見てもらいたいし、特に若い人たちに観てもらいたい、知ってもらいたいという思いのほうが強いんです」

前回、ロケハンに行ったとき、そんなふうに稲川さんが語ってくれた。

長いシナリオ合わせが終わり、最後に監督と話した時、彼はしきりに村の天気を気にしていた。

今回の物語が、村に久しく雨が降らない設定になっているのだ。すべてのロケが晴れた日を前提にしてあり、雨が降ると撮れないシーンがたくさんある。

「屋内で撮影できる場を一応は確保しているんですが、なんとか晴れが続いてほしいと思っています」

田中プロデューサーもいよいよ撮影モードなのである。

心配ない。みんなの思いが詰まった映画が撮影されるんだ。晴れるに決まっている。

私にはそんな確信があった。

ほんのお節介から動き始めたことが、あれよあれよという間にいろんな人たちの協力をえて、本当に動きだした。いよいよ20人を超える撮影陣が天栄村を目指す。

撮影スタート！

5月27日早朝。いよいよ撮影初日を迎えた。

撮影陣は前日から村に入っている。深夜からあたりを濡らしていた雨は、空が明るくなるにしたがって勢いをなくし、撮影に入るころにはすっかりやんでいた。初日から雨の恐怖にさらされたが、ひとまずは問題なさそうだ。

最初の撮影は、村の近くにある岩瀬農業高校を借りて行われる。

村の高校生たちが多数エキストラとして参加している。

学校の各所を使って、いくつものシーンが撮影されていく。

夕暮れまで学校で撮影をした後、そこから少し離れたコンビニエンスストアに移動する。どっぷりと陽が暮れた。初夏の陽気を思わせた気温は一気に下がり、まるで冬のような寒さに変わった。

「この季節の天栄村は日中の寒暖差が激しいんですよ」と、手伝いに駆り出された村の

4

動き出したら止まらない

職員の女性が教えてくれた。たしかにコートを持ってくればよかったと後悔するほどの寒さなのだ。

店舗の周囲を囲むように大型のライトが組み立てられ、駐車スペースにはカメラのレールが組まれている。漆黒の闇夜にまるでＵＦＯが舞い降りてきたかのような明るさである。その光に吸い寄せられるように、近隣の村人がちらほらとコンビニ前に集結しはじめた。

物語は真夏の設定だから、ピピさんはこれからアイスクリームを食べるシーンを撮るのだという。

本番直前まで上着を羽織っていたが、本番になると寒さを気にすることなく、手にしたアイスを舐めながら演じている。見ているほうがゾクゾクしてくる。

同じシーンの撮影が何度も繰り返された。そのたびに、カメラは場所を変えている。カメラマンはすっかり４Ｋカメラに慣れていて、何年も前から自分の持ち物だったように、自在に操っている。

私はそのカメラの近くに立ち、そのレンズが映し出す映像を少し離れたモニターで観ていた。夜間の撮影だというのに実に明るい。これが４Ｋの威力なのか。すばらしい！と心から感じていた。

しかしもしカメラが2台あったら、撮影時間は半分に短縮できたのではないかと思うと、

「2台手配できたらよかったなあ」

と思ったものだ。

撮影は深夜まで続けられていた。


シナリオには、高校生の恋愛ばかりでなく、オトナの恋愛も盛り込まれている。脚本家の狗飼さんは、女性が本質的にもっている深い情念をも描こうとしていることがよく伝わってくる。

「待てよ?」

と私は思った。こういうオトナの女の情念というものは、よほどの修羅場をくぐった者でなければ扱いきれないだろう、との思いが私の脳裏をよぎったのである。

これを描き切るのは、20代の若い監督では荷が重いのではないか——。失礼な話である。

白昼夢の中で、ひとつのアイデアが浮かび、もはや撮影は他人事ではない気分になっていた。何かチャチャを入れたいという衝動がやまないのだ。

4

動き出したら止まらない

だからか、倉本監督と現場でお疲れ様とたがいに言い、並んでタバコをふかしていた時、

「俺、助監督やりてーな……」とぽつんと、本音を吐いた。

「はぁ？　何言ってるんですか、ダメに決まってるでしょう」

倉本監督は、俺は忙しいんだ、かまってなんかいられるかと言わんばかりに、タバコの火を消して、その場を離れていったのであった。

やってしまった！　あれだけ年寄り連中には若者のやることに口出すなと言っておきながら、つい。その誘惑たるや並々ならぬものだ。後味が悪い。後悔したのだ。


翌日は快晴。今日は「かかしのいる田んぼ」の撮影だ。

どこまでも緑の田んぼが広がっている。

あたりにはカエルの鳴き声と、雀のさえずりばかりが響いている。

風が過ぎていく音がさわさわと聞こえるほどの静けさだ。一羽のシラサギが田んぼに舞い降りてきて、しきりと土の中をくちばしで突っついている。

田んぼの向こうに撮影スタッフが行ったり来たりしているのを、私は少し遠くから眺めていた。

稲川さんが、まるで撮影スタッフと見まごうばかりに撮影隊の一部と化している。炎天下で動き回っているスタッフや俳優たちに、冷たい飲み物を出したり、休憩のダンドリを整えているのだ。

これから行われる公道での撮影に備えて、車の交通整理をしているのは、地元の建設業者らが共同で整備した警備員の人たちだ。

「おーい、何やってんだ？」

「映画だよ」

「映画？　ほえー」

「どこ行くの？」

「ちょっと買い物だっぺ」

近所の人らしき車の運転手が、しばし車を止めて警備員の1人と親し気に話している。

地元の方が提供してくれた集会所には、昼食の準備をした女性たちが、休憩で撮影スタッフが来るのを待ち受けている。

「ああ、これだよ、これなんだよなあ、オレがやりたかったのは」

こんなふうにして、若者たちが福島の地で田んぼに囲まれながら、一つの映画を作る様を見たかったのだ。

「名もなき年寄り世代だって、何か動き出せばこれだけのことができる」

2年ほど前に、思い付きのようによそ者が言ったことを、地元の人が快く受け入れてくれた。若い人たちが快く協力してくれた。あれよあれよという間に人が集まり、とうとう実現してしまった。リタイアしたからといってしょぼくれている場合じゃない。

日本は人口減少と経済規模縮小の時代を迎え、まるでピークを越えたかのような元気のなさである。今こそ我々のような自由の身になった世代が、社会のために、これからを担う若者たちのために、何か夢を与えられるようなことをするべきなのである。私は、この映画作りを通じて、その感を強めた。私より優秀で腕のいい仕事師は、うじゃうじゃ居る。皆、どんどん動けばいいのだ。

動き出してみると、あては外れるし、計画はひっくりかえる。ところがそれでも動いていれば、何とかなるではないか。

撮影の合間に、私は添田村長に表敬の挨拶に出かけた。

「いよいよ始まりました」と私が報告すると、

「最初、映画の話を持ちかけられた時は、騙されてるんじゃないかと思ったんですけどね。本当に始まったんですね」

と添田村長が笑っている。

「この映画は必ず台湾で上映されますよ。この映画が日台友好を促進させ、この村に、そして福島全域に、アジアの人たちがたくさん来るようになります」

「この映画で天栄村の魅力を知ってもらい、台湾をはじめアジア各国の人たちに、この村を訪れてもらいたいです。またこの作品が日台友好の旗印になるなら、私たちは喜んでご協力します」

どこまでも添田村長はハツラツとしているのであった。


再び撮影中の田んぼに戻ると、向こうの山に日が沈もうとしていた。

あたりには心地よい風が吹き、茜色に染まっていく田んぼの苗がさわさわと音をたてている。

〝Tomorrow is another day〟（明日は明日の風が吹く）

ふと『風と共にさりぬ』のスカーレット・オハラの名台詞が脳裏に浮かんできた。

たとえ今日がうまくいかなくても、また新しい明日がやってくる。

やってみなければわからない。だが、やれば何かが変わる。

どこに着くのかはわからない。だが動けばいつかはどこかにたどり着く。

4

動き出したら止まらない

「明日に希望を持たないでどうする――」

あぜ道を照明のライトが照らす撮影風景を眺めながら、一人つぶやいた。

エピローグ

２０１６年12月11日、日曜日。天栄村は前日の雪がうそのように、晴れ渡った。天栄村役場の敷地内にある「文化の森てんえい」の多目的ホールには、朝から多くの人が詰め掛けている。完成したばかりの映画『恋愛奇譚集』の「完成披露試写会」が開催されるのだ。

「雪道の運転、事故に遭わなかったようで、よかったですね」

会場で、昨夜一晩、お世話になった旅館のご主人に声をかけられた。

この会に出席するため、私は前日から岩瀬湯本温泉の『分家』という老舗旅館に宿泊していた。村役場に行くには峠を越えなければならないほどに離れているのだが、この宿は映画の重要なロケ場所で、なおかつスタッフの宿泊場所にもなっていたこともあり、どうしても見ておきたかった。

宿と役場の中間地点には羽鳥湖やレジーナの森など、映画のロケ地もある。初夏の撮影からおよそ半年が過ぎ、少し記憶が薄らいだ今、それらを訪ねて撮影のムードを思い出しておきたいと思ったのだ。

前夜の降雪で、峠の道路は凍結していた。クルマで峠を越えるにはかなり危険である。それを見越した宿の女将さんは、朝食時に峠での雪道の運転の仕方をじっくりとレクチャーしてくれた。とにかく天栄村の人たちは優しく、気配りが細やかだ。

その『分家』のご家族ならびに仲居さんもまた、私たちの後に会場に到着していた。そうなのだ。旅館の人たちもまた、映画の協力者なのである。

この日は3回、上映される予定で、午前中の第1回上映会では制作発表会も行われる。協賛、協力をしてくれた関係者らが招かれ、200席ある会場はほぼ埋まっていた。最前列の報道記者席には、各紙誌の記者の姿が見える。

会場に一歩を足を踏み入れると、田中プロデューサー、県の高田課長、添田村長、村の職員の人たちが、私に声をかけに来てくれる。東京から足を運んで来たことをことのほか喜んでくれるのだ。

「昨日は『分家』に泊まりましたね。村中が知ってますよ（笑）」

と高田課長がにやにやしながら言う。

「えっ、そうなの？」

「村に一歩入ったら、秘密ってないんですからね」

「恐れ入った！」

村はこんなに広いのに、狭くて濃いなあ。

定刻となり、制作発表会がスタートした。壇上には添田村長に天栄村映画制作実行委員会の松崎委員長をはじめ、監督の倉本雷大さん、主演のヤオ・アイニンさん、そして地元出身の俳優、和田聰宏さんが席に着いている。ヤオ・アイニンさんはこのために、台湾から駆けつけたという。

会の冒頭、添田村長からこの映画が制作された経緯の説明があり、「この映画を観てもらうことで、今も続く風評被害を払拭し、1人でも多くの人に、福島に、天栄村に来ていただきたいという思いで、県や多くの企業から数々の協力を得ながら、役場と商工会、そして村民のみなさんが一体となって作り上げた映画です」と誇らしく語った。そうなのだ、この映画は監督の作品でもあるが、今日からは村の人たちのものなのだ。

松崎委員長は、自らが営む酒蔵での撮影エピソードを交えながら、「県から補助を受けて村の人たちみんなで協力して進めてきました。映画では素晴らしい村の情景がたくさん出てきます。たくさんの方に観ていただいて、全国の方々に福島と、この村を知ってもらいたい」と挨拶をした。

倉本監督は「最初にこの村に来た時、東京では見られないこの景色を撮りたいと思いました。今日、実際にこの村に住む方々に見てもらえることができ、とても嬉しく思っています。楽しんでもらえると嬉しいです」と短くまとめた。

ヤオ・アイニンさんは、冒頭「福島に来られてほんとうにうれしかったです」と日本語で挨拶した後、中国語でこう語った。

「天栄村で綺麗な景色を見て、たくさんおいしい物を食べて、たくさんのやさしい方々と出会って本当に楽しかったです。台湾に帰った後もよく天栄村での10日間を思い出します。日本の映画で初主演させていただいたこと、とても嬉しかったです。福島のみなさんにこの映画を気に入っていただけたら光栄です」

和田さんはご自身の胸の内を、こんなふうに語った。

「18歳でこの村を出てから、震災や土砂災害があった時にも何もできず、もどかしさを抱えていました。このまま俳優をやっていていいものかと考えたこともありました。今回こうして天栄村の魅力を知ってもらう映画に参加させてもらったことで、恩返しとは言えないまでも、僕が何か村にご協力できるものができたのかなと思うと、とても光栄です」

時折、言葉を詰まらせながら、ゆっくりと語った。

その後、報道陣の質問や撮影が行われ、会場が暗くなった。

2時間の上映が終わった後、どこからともなく拍手が沸き起こった。


会場の外では早くも次回上映の準備が整っている。

午後からは村民の人たちへの初披露となる。5日前に無料整理券を村役場が配布したら、受付開始の2時間後には、午後の上映分が売り切れになったという。村人たちの関心も高いのだ。

来場者を誘導する人の中には村の企画政策課係長の星さんの姿が見える。受付には稲川さんが座っている。企画政策課の塚目副課長はお客さんを場内に誘導している。

撮影中のラフな作業着から一転、スーツとネクタイをびしっと着こなしているせいか、みんなが誇らしげに見える。

村役場や商工会の関係者の方たちは、この晴れ舞台を作るために、何日も準備を重ねてきたのだ。天栄村が作った映画なんだ、という自信と誇りが漂っている。

映画には主役もいれば脇役もいる。だが、この映画作りでは、みんなが主役だった。関係したそれぞれの人が「自分の映画なんだ」という思いを胸に抱いている。

それでいい。それだからいい。

私が投げかけた小さな石は、この日、映画『恋愛奇譚集』として結実した。一本の映画のために、福島県と村が力を合わせ、都会の若者たちと地元の俳優、海外の女優が交わり、それぞれが主役となって、この世にたった一つの作品を作り上げた。

２０１７年の2月には一般公開され、やがて日本全国は言うに及ばず、海外でもきっと観られるに違いない。

映画史の中では小さな一歩かもしれない。だが復興を目指す福島にとっては偉大な一歩なのだと、私もまた誇りに思っている。

あとがき

日本人の「連帯意識」と「阿吽の呼吸」が生んだ小さな〝奇跡〟

今回この映画に携わったことで、私はとても豊かな気持ちになれた。日本人の心のすばらしさを、まとめて体験した気がする。

その一つは、日本人が持つ「連帯感」。

「福島で映画を作ろうと思うんだけど、力を貸してもらえないかな」

そんな唐突な相談に、最初は誰もが訝しく思ったはずだ。

しかし「福島の風評を払拭したいんだ」と説明すると、誰もが「そうか、わかった」と話に乗ってくれた。

県は異例の予算組みに走りだし、村がそれに呼応して全面協力すると手を挙げてくれる。

ハリウッドに負けない4Kの映像で映画を撮りたいというと、総務省は技術情報でサポートし、パナソニックは高額な4K専用カメラの無償レンタルに快く応じてくれる。

協賛金を呼びかければ、ある企業の社長が二つ返事でまとまった金額を翌日に振り込んでくれる、というように誰もが「福島」という言葉を聞いた途端、力になってくれた。わずか半年で行政が予算をつけ、30人にもなる撮影関係者が村に入り、強行日程で撮影を済ませてしまうという離れ業は、日本人の連帯なくしてはあり得なかった。

尋常一様ではない苦境にあるこの地のために、何か役に立ちたいという思いを、それぞれが持っていたからにほかならない。

正直に言えば、最近の世の中を見るにつけ「人情の薄きこと紙のごとし」と苦々しく思っていた。

下り坂の経済下でわが身を守ることばかりに汲々とする、人情の薄い社会になったと寂しくなることが多かったのである。

しかしこの映画作りを通じて、日本人の心には今も、他人の痛みを他人事にしないで分かち合おうする、慈しみの心が備わっていることを再確認した。

このような連帯感が生まれたのも、他ならぬ福島の人たちが、風評被害という姿の見えない難敵に、すさまじいエネルギーで挑んでいるからこそだと思う。

「よくわからないけど復興のためになるなら、やってみようじゃないか」

と、前例のない試みに果敢に挑戦してくれた、地元の人たちの勇気と行動力に支えられたのである。

私が感じたもう一つの日本人の心とは、すべての人が「阿吽の呼吸」で動いたことだ。今回の映画作りには司令官がいない。私の小さな掛け声を聞いた人たちが、それぞれの持ち場で、誰の指示を受けるでもなく、率先して「自分のできる範囲の役割」を果たしてくれたのだ。周囲の動きにそれぞれが呼応し、全体として一つの方向に向かう様は、まさに阿吽の呼吸だった。

「これこそ他の国では絶対、真似のできないジャパニーズ・ドリームだ」と、何度も心が震えた。

小さな親切、大きなお節介。それが私の悪い癖だが、今回は実にお節介のしがいがあった。

日本人の素晴らしい心に触れ、幸せな気持ちにさせていただけたことは、関係者のみなさんからいただいた最高のご褒美と、感謝しているところである。最後に、この本を刊行するにあたって、全面的な協力をしてくれたウェルリンク株式会社に感謝の意を表して、締めくくりとしたい。

沼田憲男

恋《れん》愛《あい》奇《き》譚《たん》集《しゅう》

見えない彼女がくれた消えない想い

［キャスト］

ヤン・ユーウェン――ヤオ・アイニン
古川涼太――和田聰宏
川奈彩子――内田 慈
山口ユリ――福田麻由子
稲原光孝――栁 俊太郎
伊島香織――遠藤新菜
橋田正夫――前野朋哉
細尾哲子――潮 みか
須藤恵介――若林瑠海
ヤマガミ――中島 歩
川奈 靖――山本浩司
須藤兼市――水橋研二
山口克彦――康 すおん

［監督］倉本雷大
［脚本］狗飼恭子
［音楽］蓮沼執太
［製作プロダクション］クラスター
［配給・宣伝］プロジェクトドーン
［企画］YOUNEE. 沼田事務所
［制作］「恋愛奇譚集」
フィルムパートナーズ
（天栄村映画制作実行委員会・
クラスター・プロジェクトドーン）

［ストーリー］

台湾から交換留学生として福島県天栄村の高校へやってきたユーウェンは、ホームステイ先である古川酒造の三代目、涼太とうまくコミュニケーションが取れず、日本にきた確固たる理由も見出せずにいた。そんな彼女はある日、進学路脇の田んぼで赤いコートを着たユリという謎の少女に出会う。なぜかユーウェンが話す中国語を理解するユリの姿は、どうやら他の人の目には映らないよう。似たような寂しさを抱える2人は一気に打ち解け、頻繁に会って話をしていくうちに、ユリのかっての恋人が実は涼太であることが判明する。

その後、元アイドル歌手で涼太の学校の同級生だった彩子、借金を抱える親の事情で村に越してきた少年、写真館を営むユリの父親、いつの間にか村に住み着いたホームレスの男、ユーウェンと同じクラスの光孝や香織など、それぞれの感情が微妙に交差し、物語は思わぬ方向へと運ばれていく。

「私が男だったら良かったのに」

「なんで？」

「私にはユリが見えるし、ユリに触れられるから」

彼女の涼太に対する心残りに気付いたユーウェンは、2人の最後の日に隠された秘密を明らかにしようとする。

心の奥底までスーッと見通してしまいそうな目が印象的なユーウェン役のヤオ・アイニンは、この作品で映画初主演を果たした。『装苑』など日本のファッション雑誌にもモデルとして登場している彼女は、台湾、中国、そしてここ日本でも急速に注目を集める新星。さらに、映画の舞台でもある福島県天栄村出身の和田聰宏、舞台では複数の劇団をまたいで活躍している内田慈、「下妻物語」以降ヒット作に引っ張りだこの福田麻由子がメインキャストを務め、「メンズノンノ」のモデルグランプリに輝いた経歴を持つ柳俊太郎、今年公開の『無伴奏』で名演を見せた遠藤新菜という新しい才能たちが脇を固める。

監督は『思春期ごっこ』で初めて商業映画を手がけた新鋭の倉本雷大。人間が抱える普遍的な寂しさを、福島の景観と同様、色鮮やかに描写している。なお、脚本は映画『ストロベリーショートケイクス』や『百瀬、こっちを向いて。』などで知られる狗飼恭子が担当し、ストレートな歌詞と力強いボーカルで、同世代の共感を集めるシンガーソングライターあいみょんが主題歌「漂白」を書き下ろした。そして、環境音楽をバックボーンに持つ蓮沼執太によるサウンドトラックが物語を彩る。

ヤオ・アイニン

私にとって本作はとても美しい映画です。その美しさは人と人のつながりにあります。今、ここで誰かといることを大事にして、心で感じたいのです。撮影の時、私自身はユーウェン役そのままでした。一人で日本に来て、皆さんと仕事をして、最初はなじめなかったのに後半はすごく仲良くなりました。まさに映画の中にある台詞の通り、「みんなすぐに忘れちゃうと思う。でも、それでもいい。ときどき思い出してくれさえすれば。」私たちは一緒に映画を作ってた、そう思い出してくれればいいのです。またある台詞「きっと恋によってだけ、人は誰かの物語の登場人物になることができるんだ。」の通り、人が他人の人生に関わることは、ちゃんと理由があると思います。皆さんもこの映画を見て、今を大事に、一緒にいる人を大事に思っていただければと思います。

和田 聰宏

たくさんの方々の想いの中から生まれたこの映画は、一歩ずつではありますが、着実に前へと進み、今こうして作品となりました。御協力して下さった天栄村の皆様、そして、お力添えをして下さった皆様には本当に感謝を致します。ありがとうございました。天栄村の持つ大自然の美しさ、息づかい、穏やかな時間の流れが、本作を通して少しでも多くの方々に伝わる事を願っています。映画の持つ無限な可能性を信じて、…小さな村から世界へ…そんな風にこの作品が羽ばたき、色付いてくれたら嬉しいです。

［撮影協力］

九州化学クリーニング 天栄小川店／株式会社白河メドウゴルフ倶楽部／ひのき風呂の宿 分家／福島交通株式会社／福島県立岩瀬農業高等学校／本家星野屋別館／湯口屋旅館／松崎酒造店／東北農政局阿武隈土地改良調査管理事務所羽鳥ダム管理所／南会東部非出資漁業協同組合／むさし建設株式会社／ニューデイリーヤマザキ天栄牧之内店／天栄村建設業事業者会／天栄村振興公社 羽鳥湖畔オートキャンプ場／天栄村ふるさと子ども夢学校推進協議会／福島県天栄村のみなさん

［協賛］

パナソニック株式会社／日本たばこ産業株式会社／小籏株式会社／秋山正樹／澁澤事務所／会津太陽光発電株式会社／三菱伸銅株式会社／医療法人社団 せいおう会 鷺谷健診センター／一般社団法人 産業保健振興会／株式会社デルフィーノケア／奥会津書房／小名浜製錬株式会社 小名浜製錬所／会津電力株式会社／須賀建設株式会社／ハウスクリーニング ネコの手も借り隊 西部ガスサービス株式会社／株式会社いわせ食品／有限会社いわせ食品輸送部／有限会社糸井火工／有限会社ちから寿司／株式会社セーフティーステップ／松崎酒造店／株式会社武田コンサルタント／株式会社ニッセイSI／株式会社エフコム／有限会社添田設備工業／信栄工業株式会社／株式会社渡辺建設／旭産業株式会社／有限会社おおき建設工業／株式会社ニノテック／株式会社阿部工業／TSP太陽株式会社／まいるど／ひのき風呂の宿 分家／和田正博／吉成美穂／吉成由記子／株式会社スタジオエビス

沼田憲男 Numata Norio

1947年、東京都に生まれる。71年、早稲田大学政治経済学部を卒業し、日本経済新聞社入社。景気・金融分野の記者として活躍。91年から2年間、第3次臨時行政改革推進審議会の故鈴木永二会長の秘書。94年に退社、沼田事務所を設立。中国ビジネスに関するコンサルティングをしながら日中友好に尽くす。中国の植林事業を支援する小渕基金設立に貢献。2008年の北京オリンピックを境に、活動の軸足を過疎化の進む日本の地方に移す。著書に、「中国で儲けた人が絶対に話したくない話」(講談社)、「日本海から希望が見える」(情報センター出版局)がある。

「メイド・イン・フクシマ 恋《れん》愛《あい》映《えい》画《が》」誕《たん》生《じょう》物《もの》語《がたり》

2017年2月9日　第1版第1刷発行

著　者　沼田《ぬまた》憲男《のりお》
発行人　宮下研一
発行所　株式会社方丈社
〒101-0051 東京都千代田区神田神保町1-32 星野ビル2F
Tel.03-3518-2272 ／ Fax.03-3518-2273
http://www.hojosha.co.jp/

デザイン　アルビレオ
編集協力　大島七々三
写真提供　「恋愛奇譚集」フィルムパートナーズ
印刷所　中央精版印刷株式会社

＊落丁本、乱丁本は、お手数ですが弊社営業部までお送りください。
送料弊社負担でお取り替えします。

ISBN978-4-908925-08-5